William Caxton, William Carew Hazlitt

Paris and Vienne

William Caxton, William Carew Hazlitt

Paris and Vienne

ISBN/EAN: 9783337778897

Printed in Europe, USA, Canada, Australia, Japan

Cover: Foto ©ninafisch / pixelio.de

More available books at **www.hansebooks.com**

Paris and Vienne.

THYSTORYE OF THE NOBLE RYGHT VALYAUNT AND

WORTHY KNYGHT PARYS/ AND OF THE

FAYR VYENNE THE DAULPHYNS

DOUGHTER OF VYENNOYS/

FROM THE UNIQUE COPY PRINTED BY WILLIAM CAXTON

AT WESTMINSTER IN THE YEAR

M.CCCC.LXXXV.

WITH A PREFACE, GLOSSARY, AND NOTES.

PRINTED FOR THE ROXBURGHE LIBRARY,

M.D.CCCLX.VIII.

PREFACE.

FOR a bibliographical or literary notice of the romance of PARIS AND VIENNA, here republished for the firſt time from the moſt ancient Engliſh verſion, there are ſcarcely any materials. It is unmentioned by Fauchet, Ellis, and Dunlop. It is too late in date by a half-century or ſo to have found a place in the invaluable *Hiſtory of French Literature*, produced under the auſpices of the Benedictines of Saint-Maur, and now continued by the French Academy. Our Engliſh Warton alludes to it only in the moſt curſory manner, and had evidently never ſeen a copy in any language.

This is much to be regretted, I think, for in the whole compaſs of early romantic fiction of a chivalric character, I do not remember at any time to have met with a book ſo peculiarly ſimple and unaffected in its ſtructure and ſtyle as this. I will ſcarcely go ſo far as to ſay that probability is never violated; in a work of the kind ſuch could not well be expected to be the caſe; but, aſſuredly, there is a freedom, which muſt charm, from many of the vices which beſet ſuch productions: extravagance of conceit, tedioufneſs of digreſſion, far-fetched incidents, and turgid phraſeology. On the contrary, the narrative is neither involved nor irkſome, and many of the thoughts and turns of expreſſion have a naturalneſs, which, in a compoſition of the period, is as faſcinating as it is rare.

b

Paris and Vienna is a profe tale of knight-errantry, of Catalonian origin, at a date when the dialects of Catalonia and Provence were ftill more diftinct from each other than they are at prefent. About 1430, it was tranflated from the Catalonian into Provençal proper by fomebody whofe name has not been preferved; and in 1459, Pierre de la Sippade rendered the romance out of Provençal into French. He, curioufly enough, apologizes for any defects in his work, ufing the plea that he was not a Frenchman by birth, but was born and bred in the city of Marfeilles.

· From France it feems to have communicated itfelf very rapidly to Italy, Germany, and Holland. From France, however, I apprehend, and not from Holland, it came over to us. My reafon will be given elfewhere.

The oldeft impreffion hitherto difcovered in any language is an Italian verfion printed at Trevifo in 1482, 4to. This is five years anterior to the earlieft known French copy, publifhed at Antwerp by Gerard Leeu, in 1487, a fmall folio of thirty-nine leaves,[1] and there can be little or no doubt that the editions printed in France have either difappeared, or, (which is fcarcely probable, however,) remain to be traced.

Gerard Leeu, who put forth the French verfion in 1487, ventured in the following year upon a tranflation in Dutch, which forms a fmall folio of thirty-fix leaves. Laftly, there is the Englifh volume,

---

[1] This was reprinted at Antwerp, without date, 4to., Gothic letter. See Introduction to the modern edition of the French romance, Paris, 1835, 8vo., of which, by the favour of Henry Huth, Efq., I have a copy before me, beautifully printed on vellum. The title of the edition of 1487 is there given in full from the copy in the Bibliothèque Impériale.

Preface.

which I am now reproducing *verbatim*, fo far as my ability goes, and of which the only copy hitherto feen or traced is among the books bequeathed to the Britifh Mufeum by George III. This precious relic was purchafed by the king at the fale of the library of James Weft, Efq., in 1773, for £14; it had moft probably been Lord Oxford's. It is a fmall folio of thirty-five leaves, without any regular title-page, and without paging and catchwords. A facfimile of the firft leaf accompanies the reprint.[1]

In the reign of James I., an independent Englifh verfion of *Paris and Vienna* was executed by a gentleman connected by marriage with the Mynfhulls, but whofe name has not tranfpired. The unknown author of this comparatively modern tranflation has amplified and overlaid his original, to which indeed he has not acknowledged any obligation on the title or in the prefatory matter. Keeping merely the main thread of the ftory in fight, and enlarging and altering the details as he went on at pleafure, the writer, perhaps, felt juftified in withholding from his friends and the public the fact that his plot and chief incidents were borrowed. The firft edition, to the beft of my knowledge, was in 1620, 4to., and there are four others.[2]

---

[1] Caxton's verfion is not, as it has been affumed, a literal one or a true one, except in a fubftantial fenfe. I fhall, in the Notes at the end of the prefent volume, point out fome of his departures from his (as I conjecture) French original, and alfo fome of his omiffions. Brunet, in the lateft edition of his *Manuel du Libraire*, refers to two early Italian poems in *ottava rima* on the fubject. It may be proper to mention that, befides the impreffions of *Paris and Vienna* already defcribed, there were many of more recent date; it continued to be reprinted, both in France and Italy, till the end of the feventeenth century.

[2] Thefe are all fufficiently, perhaps, defcribed in the editor's "Handbook to Early Englifh Literature," *in voce.*

Of Caxton's tranflation, which is far more interefting and valuable to us, as exhibiting the romance in fomething like its priftine fhape and fimplicity, we are led to conjecture, by a fragment exifting among Mr. Douce's books in the Bodleian, that there was a reprint by Caxton's apprentice and fucceffor, Wynkyn de Worde, about 1510. The fragment is noticed by Dibdin in his edition of Herbert's *Typographical Antiquities*, but he miftook it for Caxton's own impreffion of 1485.

Certainly, not the leaft remarkable feature, in the literary hiftory of *Paris and Vienna*, is the honour which it received, in the commencement of the fixteenth century, at the hands of Jean de Pino, Bifhop of Rieux, who turned the romance into Latin for the edification of the two fons of the Chancellor Duprat. The bifhop happened to be at Venice about 1516, in the quality of ambaffador from Francis I. to the Republic, and there he caufed his book to be printed. It is a large 8vo. of fifty-fix leaves, without pagination, and is dedicated to the noble youths whom it was defigned, from its elegant ftyle and wholefome moral, to benefit and inftruct. An early copy was tranfmitted to Paris, where it was immediately republifhed in the fame form.

The MSS. of the work are by no means numerous; nor am I aware of any exifting in England. In the Bibliothèque Impériale at Paris, no fewer than five are preferved, all of the fifteenth century, and two of them quite late in that century. It was from one of thefe that M. Alfred de Terre-baffe chiefly derived the text of his edition of Paris, 1835, 8vo. It bears the number 7534, and is a 4to. volume on vellum, in long lines, with one miniature in two compartments. It at one time formed part of the fine old library collected by the earlier kings of France at Blois, and removed to Fontainebleau by Francis I, and thence by Henry IV. to Paris.

This precious MS. is far more correct than the printed copies, of which the value entirely confifts in their exceffive rarity, and typographical excellence.

The only other fiction connected with the Viennois—a diftrict of France, part of which formed the moft ancient fettlement made in that kingdom by Italians[1]—is, fo far as my information extends, a long romance in verfe, by Bertrand Le Clerc, entitled, *Le Roman de Girard de Vienne.* A fine MS. of this, on vellum, with rich illuminations, is among the Royal MSS. in the Britifh Mufeum. It is written in double columns, in a hand of the thirteenth century.[2]

Warton, in his *Obfervations on the Faery Queene*, cites a paffage from Skelton,[3] to fhow that *Paris and Vienna* formed one of the popular tales of chivalry in that poet's time, and if the mention he introduces of our hero and heroine fhould not be thought perfectly conclufive evidence, the point is fomewhat ftrengthened by the enumeration of *Paris and Vienna* in Bifhop Douglas's *Palis of Honoure*, 1553, (but written many years before), among the retinue of Venus.[4]

The prefent legend preferved fufficient notoriety in this country, as late as the reign of Elizabeth, to induce its felection for dramatic treatment and reprefentation at court. We are indebted to Malone for the fact that *Paris and Vienna* was fhown on Shrove Tuefday, 1571, at night, by the children of Weftminfter, before the queen.

W. C. H.

Kenfington, Dec. 16, 1867.

---

[1] Allou, Monumens des Différens Ages obfervés dans la Haute-Viennc, 1821.
[2] Warton, H. E. P. ed. 1824, i. 149, *note* a.
[3] Phylyp Sparowe, in Dyce's Skelton, i. 71.
[4] Dyce's Skelton, ii. 140.

[PROLOGUE OF PIERRE DE LA SIPPADE.

1459.

A LANUS who was very fage hath written in the book of his doctrines an axiom [vne auctoritc] which in Latin expreffed : Hoc crede quod tibi verum effe videtur, etc. and is as much as to fay, tranflated out of Latin into French : Tu croyras les chofes qui te fembléront eftre vraies. And I undertake this theme in the prefent cafe, becaufe I have all my life taken pleafure in the reading of romances and chronicles of the ancient hiftories, as of the life of Lancelot, of Triftan, of Florimond, of Guy of Warwick, who performed many brave acts in their life, according to what I have found in writing, in many particulars, and I have found fome [en ay trouuees] which it is very impoffible to believe. And feveral other books I have feen ; but among them I have felected a writing in the Provençal tongue, which was drawn from another book written in the Catalan language [dialect], in which was contained the life of a baron, who was called Godfrey Dalençon, who was Dauphin of Vienne, and had a daughter who was called Vienne, who was a paragon of beauty. And how a knight, who was called Paris, fon of a baron, whom they called Meffire James, was enamoured of the faid Vienne, fo that, to do her honour, he achieved in his life-time many valiant things, as you will hear by-and-bye. And becaufe the matter is reafonable and tolerably credible, and the ſtory is pleaſing, for it is very good to relate the brave deeds which our anceſtors [les anciens] accompliſhed long ago, I have undertaken to draw the hiſtory for you from Provençal into French. I beg to requeſt of all thoſe who ſhall read the ſaid book, that if they find anything in it written which is unpoliſhed [qui ne ſoit bien ſeant], that they will pardon my defeᵗs, and amend them according to their judgment, for my capacity is not ſufficient for the proper handling and treating of ſuch matters, and alſo, inſomuch as I am not French by birth, but was born and bred in the city of Marſeilles ; and will you be pleaſed to take notice, that I belong to [the pariſh of] Saint-Pierre, whence I take the name of La Sippade; and this book was, at the outſet, written in the year a thouſand iiijᶜ xxxij, the third day of the month of September, as appears from the copy from which this book is taken, which commences by the hand of Guillaume le Moign, the xviᵗʰ day of the month of January, a thouſand iiijᶜ lix.¹]

¹ Tranſlated from the French edition of 1835. It is omitted by Caxton. Guillaume Le Moign, or William the Monk, was the copyiſt employed by Sippade.

¶ Here begynneth the thyrteenth of the noble ryght valyaunt & worthy the noble Charlys / and of the ryght puyssaunt & worthy kynge Olyuer the valyaunt doughter of Pymmon / the whyche suffred many aduersytees for cause of theyr true loue as they shall enioye the effect therof as foloweth /

An the tyme of kynge
Charlis of Fraunce the
yere of our lord Jhū
Crist M.CC.lxxi / was in the
londe of Pymmon a ryght famy
lous royaln and lord of the londe
that was named Syr Boerfron
of a countrey & lord of the syngn
gre lygnage of fraunce / the whi
che countrey then was ryght myghty
and a grete lord bothe in puyssan
and in londes / & was a ryght
noble man / in so moche that for
the grete prowesse he was moche
name dyame thurghe the londe of
fraunce / & of al the lordes & ba
rons of his courte / soo that noo
thynge was doon in the londe
wyame but that he was called
therto / & had to his wyf a moche
fayre lady whiche clept was
dame dyame whiche was of so
grete beaute that she was wel
worthy & dygne to be named of
her that fayre swete / & many caste
dyame that appreueth & the worthy
a ryght aboue the top / and / also
she was exampleshed / of al no
blenes & gentylnes that a lady

may or ought to haue / & it say
worshypen theme and this noble
lady dyame there bygat to gy-
der puyssaunt lysue that moche
they refysed to haue / and prayd
our lord bothe nyght & day that
they myght haue chyldern play
saunt and resonable to hys
frauel / and / our lord thorugh
hys benyngnite here theyr pray-
er / and afer hys playsir got
vnto them the iiij yere of theyr
maryage a ryght fayr doughter
for the whyche great gladnes &
Joy were made thorugh all the
puyssant londe / and the chylde
was chrystened whith grete honour
& Joy / & in honour of grete bewe
they named hyr dyame she caule
the chylde whe she was born in
this maner. Dyame / and thys
doughter was norysshed vnto a
noble lady for to be nourysshed /
whe she the lordes lady was
of the lady that only had a sys-
ter doughter of the age of hy-
onne the whyche was named gy-
fafel / & so the fayr dyame was
nourysshed togyd the same place
from hyr tender age whiche many
yere afer / & so grete loue was
betwene them bothe that thy
called ech other systers / & the
fayr dyame grewe and encres /
fayr & gentyl / so that the renomee
of hyr excellent beaute sourst /
say not onely thorughe al fraua
but also thurgh al the Royame

Paris and Vienna.

❡ *Here begynneth thyſtorye of the noble ryght valyaunt & worthy knyght Parys/ and of the fayr Vyēne the daulphyns doughter of vyennoys/ the whyche ſuffred many aduerſytees bycauſe of theyr true loue or they coude enioye the effect therof of eche other/*

I N the tyme of kynge Charles of Fraunce the yere of our lord Iheſu Cryſt M CC lxxj/ was in the londe of vyennoys a ryche baron daulphyn and lord of the lond that was named ſyr Godefroy of alaun- ſon & was of the kynges kynrede of fraunce/ the whiche daulphyn was ry3t myghty and a grete lord bothe in hauoyr and in landes/ & was a ryght wyſe man/ in ſo moche that for his grete wyſedom he was moche made of/ bothe of the kynge of fraunce & of al the lordes & barons of his courte/ ſoo that noo thynge was doon in the ſayd royame but that he was called therto/ & had to his wyf a moche fayre lady whiche cleped was dame dyane whyche was of ſo grete beaulte that ſhe was wel worthy & dygne to be named after that fayre ſterre þᵗ men calle dyane that appyereth & ſheweth a lytel afore the day/ and alſo ſhe was replenyſſhed of all noblenes & gentylnes that a lady may or ought to haue/ The ſayd daulphyn thenne and this noble lady dyane were vij yere to gyder wythoute yſſue that moche they deſyred to haue/ and prayed our lord bothe nyght & day that they myght haue chyl- dren playſaunt and redy to hys deuyne ſeruyce/ and our lord thorugh

B

hys benygnyte herde theyr prayer/ and after hys playfyr gaf vnto them
the viij yere of theyr maryage a ryght fayr doughter for the whyche/
grete gladnes & Ioye was made thorugh all the daulphyns londe/ and
the chylde was baptyfed with grete honour & Ioye/ & in token of grete
loue they named hyr vyenne by caufe the cyte where fhe was borne in
was called vyenne/ and thys doughter was delyuerd vnto a noble lady
for to be nouryffhed wyth hyr/ the whyche lady was of the fayd cyte
and had a lytel doughter of the age of vyenne the whyche was named
yfabel/ & fo the fayre vyēne was nouryffhed wyth the fame yfabel
from hyr tender age vnto many yere after/ & foo grete loue was
bytwene them bothe that they called eche other fyfters/ & the fayre
vyenne grewe and encreaced euer in fouerayn beawte & gentylneffe/
fo that the renomee of hyr excellent beawte flouryffhed not onely
thurgh al fraūce but alfo thurgh al the Royame of englond & other
contrees/   It happed after fhe was xv yere of age that fhe was
defyred to maryage of many kny3tes & grete lordes/ & at that tyme
was in the daulphyns courte emonge many hys kny3tes/ a noble mā
of auncyent lygnage & of fayr londes/ the whiche was wel byloued
of the daulphyn & of alle the lordes of the lande and was called fyr
Iames/ thys noble man had a moche fayr fone that had to name Parys/
& hys fader made hym to be taught in al good cuftommes/ and whan
he was xviij yere of age he was adreffed to the dyfcyplyne of armes/
& demened hym felf fo nobly & worthely in al maner dedes of
chyualrye that wythin a fhorte tyme after he was doubed knyght by
the hande of the fayd lord daulphyn/   ❡ Noo fayte of knyghthode
ne none aduenture of chyualrye happed after but that he founde hym
felf at it in foo moche that the renommee of hym ranne thurgh al the
world & men fayd he was one of the beft kny3tes þᵗ myght be founde
in ony contree/ & helde hym felf ryght clene in armes and lyued

chaftly & Ioyefully/ & had euer aboute hym fowles hawkes and houndes for hys dyfporte to alle maner of huntyng fuffyfaunt ynough for a duc or for an erlc/ and thurgh hys proweffe and hardynes he was acqueynted & knowen of many other grete lordes/ and emonge alle other he was gretely and louyngly acqueynted with a yonge knyght of the cyte of vyenne that hyght Edward/ and were bothe of one age and moche loued eche other/ and as two brethern of armes wente euer to gyder there as they knewe ony Iouftyng or appertyfe of armes to be had for to gete honour/ ⦅ And wete it wel that befyde theyr worthynes in armes they were good mufycyens playeng vpon alle maner Inftrumentes of mufyke/ and coude fynge veray wel/ but Parys paffed in al poyntes[1] his felowe Edward/ Notwythftondyng Edward was amerous al redy of a noble lady of the courte of braban/ but Parys as yet knewe nought of amoroufte but not longe after Venus the goddes of loue fyred his thouჳt with the hert vnto a noble yong lady/ that is to wete the fayre vyenne the daulphyns doughter of vyennoys that was his lyege lord/ & the more he growed toward his flouryng age þᵉ more he was efpryfed & brennyng of her loue for the grete beaute þᵗ was in hyr/ But Parys thought euer in hys herte that this loue was not wel lykly ne cordable/ ⦅ For he was not of fo hyghe lygnage as the noble mayden vyenne was of/ & therfore Parys kept hys loue fecrete that none fhold perceyue it fauf Edward his trufty felowe to whom he brake & fhewed his counceyl And the fayre vyenne perceyued not that parys was amerous of hyr/ nor parys alfo durft neyther fhewe nor fay nothynge to hyr of hyt/ but the more that he fawe hyr the more grewe þᵉ fyre of loue within hym felf/

---

[1] Caxton has ponytes.

Arys thenne & edward wyth one accorde dyſpoſed them ſelf for to gyue ſomme melodyous myrthe to the noble mayde vyenne/ and wyth theyr muſycal Inſtrumentes/ as recourders/ they yede by nyght tyme to gyder toward that parte of the caſtel where as the fayre vyenne laye in hyr chambre/ and there they ſange ful ſwetely and ſowned melodyouſly theyr muſycal Inſtrumentes and pypes/ and certeyn the melodye of their ſonges and the ſowne of theyr Inſtrument was ſo playſaunt & ſo ſwete that it paſſed al other melodye/ And whan the daulphyn and his wyf & the fayre vyenne theyr doughter herde this ſwete and melodyous ſowne/ as wel of mās wyces as of dyuers Inſtrumētes they had grete Ioye and took grete playſyr at it & had grete defyre to knowe what they were that ſo grete ſolace and Ioye made tofore theyr caſtel/ and for to wete & knowe what they were the daulphyn aſſygned a day of a feſte at the whyche he ſente for alle maner mynſtrellys in hys londe/ chargyng theym vpon grete payne that they ſhold come for to playe before hym and hys barons in hys caſtel of vyenne/ & whan they were al come they played and ſange in theyr beſt wyſe/ but emong them were not foūde tho myn-ſtrelles that the lord daulphyn ſought fore/ wherof he was ſorouful & deſyred more to knowe what they were than he dyd afore/ And whan vyenne herde alle the mynſtrellys of the londe that ſowned at þᵗ feſte ſhe ſayd to yſabel hyr damoyſel & preuy felowe/ by my fayth ſwete ſyſter theſe mynſtrellys playen nouȝt to the regarde of them that were wonte to come before our chambre/ & me dyſplayſeth moche that I may not knowe them/ for certeynly they come not hyther for nought/ for they loue outher you or me/

WHan the daulphyn vnderſtode hys doughters wordes he wyllyng to playſe hyr ſayd vnto hyr that yf it were poſſyble ſhe ſhold knowe what they were that ſoo ſange euery nyght before hyr chambre/ wherfore he ordeyned x men of armes and commaunded them to hyde them ſelf pryuely there as the ſowne was herde/ & that they ſhold brynge to hym other by force or otherwyſe them that made that ſwete melodye/ Now came the nyght that the ij yonge knyghtes Parys & Edward that no thynge knewe of thembuſſhement that was layed for them came with theyr Inſtrumentes toward the caſtel & there they began to ſynge & ſowned theyr Inſtrumentes ſo melodyouſly that grete playſyr it was to here/ & whan they had ſonge and wold haue retorned thyder as they were come fro/ the x knyghtes lepte & cam forth and ſalewed them curtoyſlle ſayeng that they nedes muſt come wyth them for to ſpeke with their lord the daulphyn/ Thenne ſayd Parys to them/ Fayr lordes abyde a lytel whyle/ yf it playſe you & of vs ye ſhal haue an anſuer Thenne wente Parys & edward a parte and ſpake to gyder/ ye ſee fayr brother ſayd Parys to Edward in what party we be now and I wold not that ye ſhold haue by me ony dyſplayſyr nor harme/ but ſoo moche I telle you that or I ſhold ſuffre me to be ledde tofore the daulphyn I had leuer deye/ therfore fayr brother aduyſe we what is beſte for to do/ & edward heryng parys wordes ſayd/ brother myn haue noo ſere of no thynge and lete vs doo as ye wyl/ Thenne ſayd they to the x men of armes lordes thurgh your curtoſye ſuffre vs to retorne thyder as we came fro/ for we be at my lord the daulphyns playſyr & of all the lordes & barons of his courte but in ony maner as for thys tyme we may not fulfylle hys commaundement/

WHan the fayd x men of armes faw the ij knyghtes dyfobeyffaunt/ they anfuerd to them ye fhal now come to hym other wyth your wylle or by force/ and bygan to pulle oute theyr fwerdes & came ayenft the two yonge knyghtes that naked were from al armes fauf theyr fwerdes and theyr bowclers/ wherwyth they couerd them and fo manfully deffended theyr bodyees that they hurte & wounded fore al the ten armed men in fo moche that they maad them alle to voyde and flee fro the place whether they wold or not/ ❡ And on the morowe erly the ten men of armes came tofore the daulphyn alle wounded and fore hurt/ And they recounted to hym how two yonge men onely had arayed them fo and how they nedes muft flee for fere of theyr lyues/

Wherof the daulphyn was ryght angry to fee them fo fore hurt & took grete dyfplayfyr of it/ and thought wel that the fayd two yonge knyghtes were of grete ftrengthe and vertue/ wherfore he comanded an hondred men to be redy for to efpye & take them the nyght folowyng yf they came ageyn chargyng that none hurte fhold be doon to them/ but after theyr fonge doon/ they fhold be brought vnto hym/ but thys enterpryfe came to none effect/ for the two yonge knyghtes came not ageyn but kepte alle that they had doon fecrete/ whan the fayre vyēne fawe that fhe my3t not knowe what thefe mynftrellys were fhe thought they were fomme grete lordes that were amerous of hyr/ & fhe & hyr damoyfel yfabel fpake of none other thynge than of thefe mynftrelles and had grete playfyr to talke of them/ Parys feyng he durft not fay nor fhewe the grete loue that he had to the fayr vyenne/ thought he wold hyde hys courage from hyr/ wherfore he took acqueyntaunce wyth the bysfhop of Saynt Laurence the whyche lerned hym holy fcrypture/ The daulphyn thenne feyng hys doughter ful tryfte & penfyful for thys that fhe myght not knowe the fayd mynftrelles that fo melodyoufly played tofore hyr chambre/ he ordeyned a Iouftyng place wythin his cyte of vyenne and made lyftes and fcaffoldes to be fette vp & fente his herauldes in fraunce in Englond and in normandye to anounce & fhewe vnto al kny3tcs and gentylmen that wold doo faytes of armes and of chyualrye for loue of al ladyes and damoyfelles/ that the Iouftes fhold be holden the fyrft day of may/ in the cyte of vyenne/ And he that fhold doo beft in armes/ fhold haue of the Daulphyns doughter a fhelde of cryftalle of grete valurr/ and a garlond wyth rofes and floures of fyn gold/ And wete ye wel that vyenne the noble and fayr mayden was ryght gladde of the Iouftes that hyr fader ordeyned for hyr fake/ Fro grete talent and defyre fhe had to knowe hym that was foo amerous of hyr/ and fhe thought he wold be at the fayd fyrft day of may at vyenne/

ℂ After the meffagers that had pronounced the Iouftes were comen ageyn to the cyte of vyenne/ the mooft parte of the knyghtes and gentylmen of the Royame of Fraunce of Englond and of Normandye made them redy for to come to the cyte of Vyenne to the fayd Iouftes/ ℂ And in efpecyal many noble barons of the royame of Englond & of france that amerous were of the fayre vyenne for the renomme of hyr grete beaulte/ came to the fayd Iouftes wyth ryche and noble araye/ emonge whome was Iohan duc of bourbon neuew to the kyng of fraūce Edward the kynges fone of englond/ Anthony fone to the erle of prouence/ Gherard the marquys fone of Mount-ferat/ and wyllyam fone to the duc of Carnes/ Paris thēne knowyng this noble affemble and the Iouftes that fhold be the fyrft day of May thought in hym felf whether he fhold goo thyder or not/ but the grete loue that he had to the fayre vyenne conftrayned hym therto/

Neuertheles he took counceyl of Edward his felowe the whyche an-
fwerd to hym/ yf ye goo I wyl holde you companye thyder/ but we
muſt departe fecretly that we be not knowen/ and anone they made
redy theyr harnoys & pourueyed theym of good horſes whiche they
harneyſed al in whyt/ & none other token they had on them whereby
they myght be knowen ſauf that they were arayed al in whyt & one
lyke that other/ The day of the Iouſtes thēne approched & al the
lordes & barons afore ſayd cam ij dayes before the feſte to þᵉ cyte of
vyenne where the daulphyn for loue of them dyd doo make a noble
fcaffold where as the fayre vyenne was rychely arayed/ & al that ſawe
hyr were ameruaylled of hyr grete beaute To that feſte came many
noble knyghtes & ſquyers clothed and arayed rychely after the guyſe
of theyr contree/ & there were many mynſtrellys playeng vpon al
maner Inſtrumentes/ & many good ſyngars whyche the noble mayde
vyenne herkened ful wel For hyr hert was onely ſette to thynke
how ſhe myght knowe hym that was hyr louer/ parys thenne
came thyder and was ordeyned for to ſerue at the daulphyns table
where vyenne ſatte/ & wete ye wel that ful gracyouſly and curtoyſly
he ſerued and kerued before hyr/

❦ *How Parys gate the prys of the Iouſtes in the cyte of Vyenne/*

WHan the day was comen that the lordes knyghtes & gētyl-
men ſhold Iuſte for loue of the ladyes/ Parys & Edward yede
to a fecrete place where they armed them ſecretly and ſyn came to
the lyſtes with theyr badges & tokens and were horſed and armed ful
rychely and wel/ Alle other knyghtes there were knowen by theyr
armes/ but the two whyt knyghtes were vnknowen/
The daulphyn thenne commaunded that euery one ſhold muſtre

or the Iouſtyng began along the felde tofore the ladyes & damoyſelles/
and ſoo they moſtred rydyng tofore the ſcaffold of the fayre vyenne &
were ſo nobly & rychely armed & arayed/ and ſo godely men they
were that euery one ſayd/ the floure of knyghthode may now be ſeen
in thys place/ a emonge al other prynces Edward of Englond was
mooſt amerous of al & ryght renōmed in armes/ The pucelle
Vyenne ſeyng alle theſe noble knyghtes/ ſayd to hyr damoyſel yſabel/
Fayr ſyſter whyche of them al thynke you that mooſt dooth for the
loue of me/ & yſabel anſuerd/ honourable lady me ſemeth he that
bereth the lyon of gold in his armes dooth more for your loue than
the other/ Certes ſayd vyenne yonder two whyt knyghtes that bere
none armes in theyr ſheldes are more to my fantaſye than ony of the
other alwaye/ we ſhal ſee now what they can doo/ Thēne were the
knyghtes redy to do fayte of armes/ And fyrſt an hardy & valyaunte
knyght that bare in hys armes a crowne of gold bygan the fyrſt
cours/ & ayenſt hym ranne the good knyght edward parys felowe &
recoūtred eche other ſo vygorouſly þ^t they brake bothe theyr ſperes/
many other mette eche other ſodaynlye gyuyng grete ſtrokes/ ſomme
were ouerthrowen to the erthe & ſomme brake theyr ſperes worthely
& kept theyr ſterops ryght valyauntly/ the other recountred eche
other ſo manfully that bothe hors and man were caſte to the grounde/
For euery man dyd hys beſt to gete worſhyp there/ Edward the
kynges ſone of englond bare hym ful wel and had the better vpon
many a kny3t there/ but the ſtrong kny3t parys broched hys hors
toward hym/ and mette hym ſo vygorouſly that atte ende he ouer-
threwe hym & had the better of hym wherof he gate grete worſhyp
and was moche prayſed for hys grete proweſſe/ Thys Iouſtyng laſted
tyl ſouper tyme/ & whan þ^e euen cam many of them were wery of
the Iouſte & reſted them/ but parys dyd thēne more of armes ſhewyng

c

his meruayllous proweſſe than he had doon of al that day in ſo moche that none durſt approche hym ne withſtonde his appertyſe in armes/ & ſo moche he dyd that thonour & prys of the Iouſtes reſted & abode in hym that day/

How the ſhelde of cryſtal & the garlond with floures of gold were yeuen to Parys as to the beſt doer in faytes of armes/

THe feſte ended/ grete worſhyp & loenge abode to þᵉ ij knyȝtes with þᵉ whyt armes/ and Parys was ledde vnto the ſcaffold there as vyēne was the whyche delyuerd hym the ſhelde of cryſtal & the garlond wyth floures of gold that ſhe helde in hyr honde/ & thenne parys with Edward his felawe departed thens in the ſecreteſt wyſe that they coude and wente to vnarme them to þᵉ place where they fyrſt armed them ſelf/ The barons and knyghtes that were there ſpake wel of the proweſſe & of the chyualrye of the knyghtes with the whyt armes ſo that the daulphyn & the other grete lordes had grete deſyre to knowe what they were & to haue theyr acqueyntaunce/ but they departed ſo ſecretly fro the felde that no man knewe where they were become nor what waye they toke

AFter al thys was thus doon the knyghtes retorned in to theyr contrees ſpekyng euer of the ryal feſte and chere that the daulphyn had doon to them/ & of the proweſſe of the whyt knyghtes & of the ryght ſouerayn beaute and nobleſſe of vyenne/ And in the mene whyle there moeued a ſtryf betwyxte the barons & knyȝtes of Frauunce and of Englond For ſomme were there that were amerous of the doughter of the duc of Normandye/ and ſomme were that loued and bare oute the bealute [1] of the ſyſter of the kyng of Englond/

---

[1] Query *beaulte.*

ſayeng ſhe was fayrer than Vyenne was/ and other were there that
helde contrarye oppynyon ſayeng that the daulphyns doughter vyenne
paſſed in beaute al other wymmen in the world/ and for this reaſon
was grete debate & ſtryf betwyxte the knyȝtes of fraunce & them of
Englond for the beaute of theſe thre damoyſelles/

❧ Euer multeplyed & grewe more the bruyt and the renōme of
the daulphyn by cauſe of the Iouſtes and tournoyment doon in his
cyte of vyenne/ wherof he had grete Ioye/ for they had be moche
honourable and playſaunt to al knyghtes/ And Vyenne euer thought
in hyr ſelf who myght he be that had goten the worſhyp and prys of
the Iouſtes and ſayd to yſabel/ Neuer truſte me dere ſuſter but þᵉ
knyȝt to whom I haue yeuen the ſhelde of cryſtal and my garlond
is he that ſo ſwetely ſange for the loue of me tofore our chambre/
for myn hert gyueth it me/ and by my fayth ſyſter he is ful noble
and worthy/ & in alle hys dedes ryght curtoys and gentyl as we
myght haue ſeen whylere wherfor I ſay you my ſwete ſyſter that in
hym I haue putte the rote of myn entyere herte/ my wylle and al my
loue/ nor neuer I ſhal haue playſyr ne Ioye vnto þᵉ tyme that I
knowe what he is/ for my loue is al hys/ & of what ſo euer eſtate
he be of I neuer ſhal take myn herte fro hym/ ❧ Thenne began
ſhe to wayle and ſyghe for the loue of hym ful tenderly/ for tyl now
ſhe had not felte the ſparkles of loue that ſprange out of hyr hert/ but
parys knewe nothyng herof þᵗ ſhe deſyred to haue hym & to knowe
what he was/ but he kepte hys loue ſecrete in hys hert/ For he durſt
not ſhewe it vnto hyr wherfore he ledde hys lyf in grete tryſteſſe and
ſorowe he went euer in the felawſhyp of the byſſhop of ſaynt Lau-
rence & made ſemblaunte of nothyng And Iames the fader of Parys
that had ſeen the noble feeſt and the ryal Iouſtes in the cyte of
vyenne/ wenyng to hym that hys ſone parys had not ben there was

ful fory & had grete dyfplayfyr of it and fayd/ Fayr fone Parys I am
in a grete malencolye & in a thought for you that ye be not fo
Ioyeful ne mery as ye were wonte to be/ here afore tyme I fawe you
euer redy to the Iouftes and to al maner faytes of chyualrye for to
gete honour/ & I now fee you al chaunged fyn ye took acqueyn-
taunce wyth thys byffhop for lothe I were to fee you bycome a man
of relygyon as I fere he wyl brynge you to/ and ryght wrothe I am
that ye were not at that noble and ryal tournoyment that hath be
holden in vyenne for the fake of alle the ladyes of thys londe/ wher-
fore dere fone I praye you to take hede to your felf that ye lefe not
your good renommee/ your worfhyp ne the prayfyng alfo that ye gate
afore tyme/ and that ye fpende not your yongthe in ydleneffe/ And
Parys heryng alle thys anfuerd noo thyng to hys fader but abode
ftylle penfyflull thynkyng on þᵉ beaute of vyēne/

NOw fayth thyftorye that as ye haue herde aboue a grete ftryf
befyl emong the knyghtes aforefayd for the loue of the thre
damoyfelles afore fayd/ For the erles fone of Flaundres was gretely
wrothe for thys caufe wyth the Duc of brennes and had beten &
hurte fore eche other fo that none myȝt make the pees betwyxte
theym/ For eyther of hem mayntened & bare oute the beaute of his
lady ⁋ It happed thenne that fyue knyghtes hardy and valyaunte
came forth the whyche fayd that they were redy to fyght and for to
proue by force of armes that Florye the dukes doughter of Normandye
was the fayreft damoyfel of alle the world/ And Incontynent ftert
vp fyue other knyghtes that faid & mayntened that conftaunce the
kynges fyfter of englond was the fayreft/ And forthwyth other v
knyghtes rofe vp that mayntened and vphelde the beaute of vyenne
aboue alle other wymmen in the world in fo moche that thys debate

cam to the knowleche of the kyng of Fraunce whiche fayd that herof myght growe a grete trouble and dyfcorde emong his barons & other lordes/ Soo fente he worde to them that they fhold come toward hym and that he fhold gyue fuche a fentence vpon theyr ftryf that they al fhold be therof contente/ the whyche meffage plefed them wel and came alle toward hym affone as they myght/ And whan they were come tofore the kyng they fpake of theyr ftryf/ But anone the kyng ordeyned a Iouftes for the loue of the fayd thre ladyes/ & made his maundement that they.al fhold come wyth theyr armes and hors for toIoufte the viij day of feptembre in the cyte of parys/ and they that fhold do beft in armes at that day they fhold haue the prys & the worfhyp of the fefte and the lady on whos beaute they helde with fhold be reputed and holden for the fayreft damoyfel of alle the world/ The kyng of Fraunce thenne fente worde to the faders of the forfayd thre ladyes prayeng them to come atte fame fefte and that eyther of them fhold brynge wyth hym a prefent of rycheffe the which thre prefentes fhold be yeuen in the worfhyp of their thre doughters to the beft doer in armes in token of vyctorye/ And thus the kyng of englond fyrft fent for hys fyfter Conftaunce a fayre crowne of gold alle fette wyth perlys and precyous ftones of grete value/ The duc of Normandye for loue of hys doughter Florye fente a ryght fayre garlond fette wyth dyuers perlys & precyous ftones moche ryche and of grete extymacyon/ And the daulphyn for loue of hys doughter[1] vyenne fente a moche ryche coler of gold al enuyronned wyth precyous ftones of dyuers colours/ the whiche was worth a ryght grete trefour/ And thefe thre Iewellys were delyuerd to the kynge of Fraunce/ The forfayd knyghtes thenne made them redy and apparaylled al thynges accordyng to the Iouftes/ & in ryche

---

[1] Caxton has *doughter*.

araye came al to the cyte of Parys/ and wete ye wel tha˙ in Fraunce
was not feen afore that day fo grete nobleffe of barons and knyghtes
as were there affembled/ for there were the mooft hye prynces &
barons of englond of Fraunce and of Normandye and eyther of them
dyd fette al hys wytte and entendement to vpholde and bere oute
that they had purpofed and fayd/ and euery baron gaf hys lyuerey
that they fhold be knowen eche fro other/ & the bruyt & renōme was
that my lady conftaunce fhold haue thonour of that fefte for thys
that many a fayre and hardy knyght made them redy to mayntene
the quarelle of hyr beaulte/ but neuertheles eyther of thefe thre
partyes hoped to haue the worfhyp of the fefte/ & parys that was in
vyenne the cyte/ and that wel knewe the grete apparaylle of thys fefte/
took counceyl of Edward hys felawe whether he fhold goo to parys
or not/ And Edward counceylled hym to goo thyder/ fo that he
wente fecretly/ & fayd yf ye goo thyder fecretly and yf god gyue
you grace that ye gete the worfhyp of the fefte/ grete wele & good
fhal come to you therby/ and yf ye goo and be knowen the daulphyn
and the other lordes fhal not preyfe you foo moche as they fhold yf
ye were vnknowen for caufe that ye be not of fo grete lygnage as
they be/ another is yf ye goo openly and that my lady vyenne
happeth to haue thonour of the fefte by your prowefle/ fhe fhal
nought be fette by/ confyderyng the other grete lordes that fhal be
there procedyng your degree/ & yf fhe gete the worfhyp of the fefte
by a knyght vnknowen the loue and honour fhal growe the more in
hyr courage toward hym that thus hath doon for hyr fake/ wherfore I
counceyl you to goo thyder in the mooft fecreteft wyfe that ye may/
for my trufte is that ye fhal gete grete worfhyp there/ and but yf ye
goo/ trufte me I fhal make my felf redy to goo thyder for you/ For
I wyl be lothe to fee the beaulte of my lady vyēne to be rebuked

At thefe wordes graunted Parys to goo to the fayd Iouftes/ and whan he was redy & had al thynges accordyng to a noble knyght he departed in the fecreteft manere that he myght toward the cyte of parys where as the kyng of Fraunce maad grete prouyfyon of alle maner metes and of al other thynges neceffarye to fuche a ryal fefte/ And in the myddes of the cyte of parys he ordeyned the place where the knyghtes fholdIoufte and dyd doo make many fayre fcaffoldes for the ladyes and damoyfelles to be fette on/ for to beholde the Iouftyng/ Alfo he dyd do make thre baners ful fayre and ryche/ the fyrft baner was whyt/ and there was wryton vpon hit in letters of gold/ vyenne doughter to my lord godfroy of alenfon daulphyn of vyennoys/ the fecond baner was rede/ and was wryton theron in letters of gold/ Conftaunce the kynges fyfter of englond/ The thyrd baner was whyt and in letters of gold was wryton theron/ Florye doughter to the duc of normandye/ and thefe iij baners were pyght vp at the thre cornes of the felde/ and wete ye that fo grete prees was there that the peple took theyr place vpon the fcaffoldes ij dayes afore the fefte for to fee the grete peple & the fayr ordynaunce that there was/

WHan it was fo that the lordes were redy of alle thynges that were neceffarye/ and were departed fro theyr contrees they affembled al at parys the xiiij day of feptembre/ and neuer tofore was feen fo grete a companye of nobles/ For fro alle partyes was comen grete chyualrye/ the fome for to do armes/ and the other for to fee the fefte whyche was moche fumptuous and noble/ & whan the day affygned came of the Iouftes/ On the mornyng erly he dyd doo fette thefe thre Ioyaulx or Iewels in the baners/ The whyche fhone and refplendyffhed moche merueilloufly for the nombre of perles & pre-

cyous ftones that were in the baners/ Now it fhold be ouerlonge
to recyte of the barons and of the knyghtes that were in that Iour-
neye/ For many were comen thyder fro the royame of fpayne/ of
aragon and of many other contrees for to proue their ftrengthe and
perfones/ and for to mayntene the barons that mayntened the thre
ladyes maydens/ Of whome we fhall reherce of the pryncypalleft
here after the fhorteft wyfe we may/ And whan it came in the
mornyng that euery man was armed & apparaylled in the felde/ and
that the kyng of Fraunce was fette in hys hrete [1] fcaffolde/ and began
to fay al alowde and moche meruaylloufly/ that alle the people myght
here and vnderftonde/ Knyghtes and barons that been here for to do
the fayte of armes goo ye eueryche vnder that baner that he wyl
mayntene for the loue of hys lady/ and we gyue in comaundement
that this felde be of loue and of curtofye/ as it to you apperteyneth/
how be it we wyl wel that eche of you do valyantly hys armes and
hys chyualryes for that damoyfell whyche he wyl mayntene/ And he
that fhal wynne the felde fhal haue the prys and thonour of the
fefte/ and that lady or damoyfel fhal be mayntened and allowed for
the mooft fayre damoyfel of the world/ and fhal haue the prys and
thonour of them of Englond of Fraunce & of Normandye/ and that
to thys noo man be fo hardy to gaynfay vpon the payne to lofe his
lyf/ And yet after thys he fayd/ ye fee here a fayre crowne the
whyche the quene of Fraunce hath ordeyned/ to thende that it be
delyuerd to the fader of the damoyfel that fhal haue the prys and
honour of the felde and of the Iouftes/ And the knyght that fhal
gete the prys and thonour of the Iouftes fhal haue all the thre baners
and the thre Iewels that been in them/ & comaunded that the baner

---

[1] Query *grete.*

of Normandye fhold fyrft make hys muftre/ & nexte the baner of
Conftaunce and thenne that of Vyenne/

℃ And fyrft vnder the baner of Normandye were they that folowe/
that is to wete Iohan fone of therle of Flaunders/ Phelyp of bauyers
neuew of the kynge of Frunce/ Edward fone of the duke of bour-
goyne/ Iohan erle of Armynak/ Balaxe brother of the marquys of
Saluce Geffroy duc of pycardye/ And after them came many other
wel armed & habylied,/ After came the baner of Cõftaunce/ the
whiche accompanyed Iohan fone of the duc of bremeos/ Gaftamons
of gaftre brother of the erle of foyes/ Anthonye alegre fone of the
duc of Carnes/ Larer neuew of the duc of bourgoyne/ The honour-
able Iohan of braban/ Salamon de launfon brother of therle of the
marche/ and after them came many other barons and knyghtes/ and
thẽne after came the baner of the fayr vyẽne/ the whyche accom-
panyed hughe fone of the duc of Bourbon/ Edward fone of the kyng
of Englond/ Wylliam fone of the duc of barry/ Antonye fone of the
counte of prouynce/ Parys fone of fyr Iaques of vyenne/ Dormando
of monferrant fone of the marquys/ thre fones of the duc of Carnes/
Iohan peryllous duc of Normandye/ & after them came many other
barons and knyghtes wel armed & wel horfed/ And whan the muftre
was made/ euery baner retorned in to hys place/ whyche moche noble
and meruaylious chynge was it to fee and to byholde the nobleffe of
the barons & knyghtes foo wel horfed and armed as they were/ And
the daulphyn and fyr Iaques fader of Parys were comen for to fee the
fefte & the louftes/

❡ *How Parys wan the prys at the Iouſtes in the cyte of Parys/*

WHan thenne it came to the houre of tyerce began the Iouſtes/
and cam in to the felde moche nobly armed Iohan ſone of
therle of flaundres/ & ageyn hym came Iohan ſone of the duke of
brennes & coped to gyder ſo fyerſly þ they brake theyr ſperes/ and
Iohan ſone of therle of flaunders tombled to theıthe vnder hys
hors/ & after ayenſt Iohan de brennes came Edward ſone of the duke
of bourgoyne/ Theſe ij knyghtes bete doun puyſſauncly Iohan de
brennes/ vnto the tyme þᵗ there came ayenſt hym Iohan peryllous
duc of Normandye/ whyche ſmote hym wyth ſoo grete force that he
ouerthrewe hym vnder hys hors & brake hy˙ arme & put hym in
ſuche eſtate that he wyſt not whether it was day or nyght/ and ayenſt
Iohan peryllous came Anthonye alegre ſone of the duc of carnes/ and
dyd ſo moche proweſſe wyth his perſone that he conquerd Iohan
peryllous and v other knyghtes myghty men of his partye whom he
ſmote to the erthe by force of armes/ After came ageynſt anthonie
alegre Geffroy of pycardye and ſmote anthonie in ſuche wyſe that he
fyl to the erthe/ & vj other ſtronge knyghtes of hys partye/ and
after dyd ſoo meruayllous feates of armes/ that euery man ſayd that
he had thonour of the ſelde/ And thēne came the free knyght parys
ayenſt geffroy beryng lowe hys ſpere/ & they gaf ſo grete ſtrokes that
the knyghtes and horſes wente al to therthe/ wherfor the kyng ſayd/
that ſythe bothe two were throwen to the erthe/ that they ſhold
retorne ageyn to the Iouſtes/ & parys wyth a grete deſyre conſented/
and ſoo bothe retorned & came rennyng/ And Parys gaf to geffroy
ſo grete a ſtroke/ that hys hors flode and thenne geffroy ouerthrewe
to the erthe/ but by cauſe that the hors flode it was ſayd that the
hors was cauſe that he ouerthrewe/ For moche they mayntened

geffroy and fayd that he was not vaynquyſſhed/ &that it ſhold be wel doon that they ſhold Iuſte ageyn/ And by caufe that Parys was not knowen ther was none that mayntened hym ne fuſteyned/ neuertheles the kyng of fraunce knewe wel that geffroy was vaynquyſſhed loyally & wel/ For he had wel feen the aduenture/ & wold do no wronge vnto the knyght whyche was of grete ſtrengthe and myght/ and anone fente to hym an heraulde whyche fayd to hym in the name of the kynge of fraunce ' that the kyng had wel feen & wel knewe that Parys had vaynquyſſhed hys knyght/ Notwythſtondyng yf he wold yet ones retorne to the Iuſte by hys nobleſſe that he ſhold do hym felf grete honour And thenne Parys maad hys anfuer fayeng that the beaulte of my lady vyēne was fo grete that in al the world was none to hyr lyke/ that yf it pleafed the Kyng I am redy for to furnyſſhe the Iouſtes for hys loue ayenſt the knyght yet another tyme/ and to Iuſte tyl that geffroy ſhold be vavnquyſſhed/ & that was wythoute ony gaynfayeng/ & the heraulde retorned and tolde it to the kyng/ wherof the kyng was wel contente & fayd that the knyght ought to be fomme grete lord/ For he was of grete valoyr and puyſſaunce and fpake moche fwetely and curtoyſly/ And after Parys chaunged and took another hors/ whyche Edward hys felowe had made redy for hym & retorned to the Iuſtes/ & fmote to gyder wyth foo grete myght/ that by veray force geffroy went to therthe vnder hys hors ryght euyl hurte/

THenne whan it came toward euen the Iouſtes were fo grete thycke and ſtronge that al the thre partyes as wel of one as of other were throwen dour to the erthe/ that there abode no moo of the partye of vyenne but parys allone/ and of the partye of normandye thre knyghtes ſtronge and puyſſaũt and they were Balaxo brother

of the marquys of Saluces/ Iohan fone of the erle of Armynack/ and
phelyp of bauyere/ & of the partye of conftaunce other thre ftronge
& myghty/ that is to wete Iohan of braband./ larer neuew of the duc
of bourgeyn/ and Salamon dalanfon brother of þᵉ counte de la marche
and they fayd that the Iuftes fhold abyde tyl on the morne/ for they
were moche wery/ and whan parys faw that they wold haue retorned/
he fewtred hys fpere/ and there cam ayenft hym balaxo brother of the
marquys of faluces/ And Parys at the fyrft ftroke ftrake hym doun
to the erthe vnder hys hors/ and in lyke wyfe dyd to the other v/
and moche nobly & valyauntly he wanne thonour of the Iuftes and
of the felde/

❦ *How the kyng commaunded that the thre baners wyth the iij Iewellys*
fhold be gyuen to Parys champyon of vyenne/

THe Iouftes fynyffhed Parys wanne the beaute of hys lady the
fayre vyenne/ and he was ledde to the fcaffolde where as the
kynge was/ & the other grete lordes & knyghtes & there were dely-
uerd to hym the thre baners & the thre Iewellys that were in them/
& Parys fhewed them thurgh all the felde/ in fygne that the fayd
vyenne had goten thonour for to be the fayreft damoyfell that was in
alle the world by the fame yonge knyght/ and whan Parys had the
thre fayr baners and the thre ryche Iewellys/ he and Edward hys
felowe departed out of the cyte of parys and oute of fraunce the
mooft fecrete wyfe that they myght/ & retorned in to dalphyne/
Parys retorned in to the companye of the forfayd byffhop of Saynt
Laurence/ as he had not been at the fefte/ & alwaye he demaunded
tydynges of the Iuftes that were made in fraunce/ and who had
thonour of the Iouftes/

WHan the fefte was made al the barons & knyghtes that were there had grete defyre to knowe who was he that fo valyauntly & fo nobly had wonne the Iourneye & the honour of the Iuftes for to doo to hym worfhyp/ but .they coude neuer knowe hym/ wherof they had grete dvfplayfyr/ & fayd that the knyght was of grete wyfedom/ by caufe he wold not be knowen/ And after this the barons & knyghtes took leue of the kyng/ and retorned in to theyr londes al dvfcomforted/ by caufe they had not goten the honour of the fefte/ and yet were they more angry by caufe they knewe not to whome the honour was gyuen of the fefte ne of the Iuftes/ The kyng of Fraunce whyche moche loued the dolphyn made to hym grete fefte & moche grete honour/ And the kyng delyuerd to hym the crowne that the quene had gyuen/ for to gyue to hyr that fhold haue the honour of the Iouftes/ to thende that he fhold gyue it vnto hys doughter vyenne in fygne & token that fhe was the mooft fayr damoyfel of the world, & whan al thys was doon, the dolphyn and the fader of parys retorned in to dolphyne in moche grete honour and grete[1] Ioye/ whan vyenne knewe that hyr fader came fhe came and mette hym as fhe was accuftomed/ Thenne whan the dolphyn fawe hyr, he kyffed hyr & fette on her hede the crowne whyche the kynge had gyuen hym/ and tolde to hyr how fhe had goten the honour for to be the mooft fayreft damoyfell of the world/ and loo here is the fayr crowne that the quene of fraunce fendeth to you in token that ye haue goten the honour/ Notwythftondyng fayr doughter/ that ye haue had many contrarye therto/ but ye haue had a good deffendour & ryʒt ftronge and hath wel quyted hym in your nede/ For of eche partye were abyden thre knyghtes moche ftronge

---

[1] Caxton has *grere*

and puyſſaunte/ and on your partye was left but one knyght onely
whyche vaynquyſſhed al the other/ wythout ony token/ and is de-
parted alle ſecretly that no man knewe hym ne the kyng of fraunce
hath no knowleche of hym, but he hath borne awaye wyth hym the
thre baners & the iij Iewc͡llys that were in them & alſo the prys &
thonour of the feſte/ wherſore ſwete & fayr doughter ye wote neuer
to whom to gyue thankynges of ſo moche honour as hath be doon
for you/ but I praye to god of heuen & to the glorious vyrgyn
marye/ that it plſyſe hym to gyue to hym good & honour/ loye &
excellence & in alle his feates vyctorye, lyke as he is chyef & hede
of al honour and of al chyualrye in thys world For I neuer ſawe ne
herde of knyght that ſo gracyouſly and ſo curtoyſly bare hym in his
armes & in his chyualryes/ And whan vyēne herde ſpeke of theſe
tydynges/ & ſawe the grete honour & prys that ſhe had goten and al
was comen by this noble knyght/ ſhe ſayd to yſabeau hir damoyſel/
My ſuſter ſayd I not to you wel but late/ that I was byloued by the
mooſt noble and valyaunt knyght of fraunce/ & by my fayth my
ſwete ſuſter/ this is he þᵗ ſo ſwetely ſonge & that wanne the luſtes in
this cyte & bare with hym the ſhelde of cryſtal & my garlonde/ and
went his waye ſo that noo man myght knowe hym/ aduyſe you wel
fayr ſuſter what honour is comen to me by his proweſſe & by his
bounte/ I may wel be ſory & dolant/ whan I may not knowe who
he is & myn herte is moche heuy & myn entendement that I neuer
can fynde the moyen to ſee & knowe hym/ and yet ſhe ſayd/ Certes
my ſwete ſuſter yſabeau, I byleue that my dayes be ſhorte, & that
I ſhall deye of ſomme cruel & fals deth for the grete deſplayſyr that
I haue contynuelly in my herte/ for I can none other thynge doo
but wepe & waylle/ & alwaye to contynue in ſorouful lyf & heuy but
none apperceyued it but onely hyr damoyſel yſabeau/

THe fader of parys whyche had ben with the dolphyn in that
felte had not feen there hys fone Parys' wherof he had grete
forowe in his herte/ for he had feen that he was accuftomed to be in
al noble Iuftes/ but thenne he fawe hym goo with the byffhop of
faynt Laurence/ and dyfpofed hym not to doo armes as he was woned/
wherfor he fayd to hym on a day My fone I had hoped to haue had
in the grete confolacyon/ but now thou b[r]yngeft me in to grete
heuyneffe and dyfplayfyc whan I fee that thou wylt not departe from
thys byffhop wherfor I praye the that þᵘ leue hym/ & doo foo that
it may be to me playfaunt and to the honrefte' Parys herde hym
wel/ but he gaf not a word to anfuer The fader of Parys feyng thys
went to his fecrete felowe Edward and fayd to hym I fee wel that
the grete amytye & loue that ye haue to my fone/ and knowe ye for
certayn that I haue 'n my hert grete melancolye whan I remembre
that Parys hath had grete honour & fame of chyualrye, and now I
fee that he gooth al wyth thys byffhop/ and leteth hys hawkes/ his
houndes and hors to deye for hongre' wherfore I praye you that ye
wyl gyue me fomme councey!, whyche am foo mefchaunt that I deye
for forowe/ And whan ne had fayd thefe wordes/ Edward had pyte'
of hym/ & comforted hym the befte wyfe he coude/ and departed
fro hym, and wente ftrayte to hys felowe Parys and fayd to hym I
knowe wel that loue conftrayneth the fo ftronge y that thou haft noo
power ouer thy felf wherfore thy lyf may not longe endure/ And
alfo thy fader and thy frendes ben euyl contente auenft the/ and I fay
to the that for to be vertuous and valyaunt it playfeth moche to god/
And for the loue of one woman thou dooft moche defplayfyr to thy
fader/ And alfo for noo perfone what fomeuer he or fhe be/ thou
oughteft not to lefe the wele & renomee that thou haft of chyualrye/

It appyereth not in the/ that thou haſt ony vertu or courage/ wher-
fore I praye the that thou wyit do ſomme thyng that it may be
playſaunt to thy fader whych hath defyred & prayed me that I ſhold
foo ſay to the/ whan parys had herde al this/ he anſuerd to edward
and ſayd to hym/ I knowe wel that theſe thynges that thou haſt ſayd
to me been vertuous & honneſt/ but they been to me greuous/ for to
put me from the thoughtes in w yche I am contynuelly/ Neuertheles
I praye the that thou gyue me counceyl what is beſte that I doo/
Thenne ſayd edward it ſhold wel p'ayſe me/ yf it were thy playfyr
that we ſhold goo in to braband/ For it is vj monethes paſſed that I
haue not ſeen my lady/ & there ſhall we do armes/ by which we may
gete fame and honour/ & paris agreed therto ſayeng that he was
contente yf it playſed hym ſo to do/ & Incontynent they made redy
theyr harnoys & horſes and alle thynges neceſſarye to them/ & or
Parys departed he put in hys chambre al the thynges & pryſes that
he had wōne by chyualryes & cloſed them faſt in his chābre/ &
delyuerd the keye to his moder & prayed hir moche derly that ſhe
ſhold not open it/ ne ſuffre þt ony perſone ſhold entre therin/ And
after they wente toward Braband/ where as they dyd grete ſeates of
chyualrye & Jouſtes wherof they gate grete honoure and worſhyp/
and were moche prayſed of ladyes and damoyſellys/ And parys made
countenaunce for to haue abyden in braband for the loue of edward
but hys herte drewe vnto the fayre Vyenne/ whome he ſo moche
loued in hys herte ſecretely/

¶ *How Dyane and vyenne hyr doughter wenten to vyſyte the fader of Parys the whyche was ſeek/*

NOw it happened that duryng thys tyme that Parys and Edward duelleden in Braband/ the fader of Parys fyl in to a ſekeneſſe of feures or acceſſe/ And the cauſe came of the thought that he had of hys ſone Parys/ And he beyng ſeek the doulphyn wente on a day to ſee hym/ and demaunded the cauſe of hys maladye/ and comforted hym the beſt wyſe that he coude/ and after retorned home/ and ſayd to hys wyf/ that it were wel doon that ſhe ſhold goo ſee and vyſyte meſſyre Iaques whyche was ſeke/ And forthwyth Incontynent my lady dyane/ hyr doughter Vyenne and yſabeau hyr damoyſel wyth a grete companye wente to the caſtel of Syr Iaques/ and ſalewed hym moche nobly as it wel apperteyned/ & the beſt wyſe that they myght ¶ And whan they were in the chambre where meſſyre Iaques was and laye/ Dame dyane demaunded hym of his ſekeneſſe And meſſire Iaques ſayd that al hys dyſeaſe came for hys ſone Parys/ by cauſe he loſte ſo hys tyme/ and that he went alway wyth the byſſhop of Saynt laurence/ wherof I fere me that he ſhal become a man of relygyon/ I haue no moo chyldren but hym/ I wote not what I ſhall doo wyth the goodes that god hath gyuen to me/ And my lady dyane comforted hym and ſayd that hys ſone was moche wel byloued of the doulphyn/ & that he had moche grete amytye of many grete lordes/ barons & knyghtes/ & alſo ſhe ſayd that emong al thynges he ſhold ordeyne for hys helthe/ & after all thys the moder of parys prayed hyr that it myght playſe hyr to come ſee the caſtel/ and ſhe anſuerd that ſhe moche deſyred it Thenne the moder of parys ſhewed hir al the caſtel/ & ledde hir in to an halle al ful of armes and abylemens

E

of warre for to fyght in batayll/ After fhe ladde hyr in to another[1] halle where as were many hawkes/ faulcens/ and many other fowles of chace/ And after in to many other halles & chambres rychely arayed whyche were ouer longe to reherce/ And after the moder of Parys fhewed vnto hyr the chambre of Parys where that he flepte/ wherin were many abylments/ whyche fhold wel fuffyfe þᵉ chambre of a grete prynce And in the fayd chambre were two grete ftandardes couerd after the guyfe of Fraunce/ That one was ful of clothe of gold and fylke/ and that other of harnoys and of many other thynges/ Thenne fayd Vyenne to yfabeau/ by my fayth fayr fyfter I haue noo grete meruaylle of thys yonge knyght Parys though of hym be maad grete mencyon/ For thordynaunce of thyfe thynges fhewe wel that he is of grete valure/ And in byholdyng of thefe thynges fhe fawe a couerture of an hors alle whyte/ And hyr femed that it was the fame that the knyght bare that wanne the prys of the Iouftes that was made in the cyte of Vyenne/ and that had the fhelde of cryftal & the garlond whych fhe tolde to yfabeau And yfabeau anfuerd to hyr/ neuer thynke ye foo/ For all day been made femalable[2] couertures and tokenes whyte/ wherof ye may wel be deceyued/ Vyenne enforced alle waye hyr felf to tuke[3] better hede/ and of the grete Ioye that fhe had fhe fayd to hyr moder/ Madame I am a lytel crafed and fodeynly taken/ wherfore yf it playfe you I wold fayne refte a lytel in this chambre/ and late me be alle allone wyth my fufter yfabeau/ for I wyl haue none other/ and anone eche body auoyded oute of the chambre/ and yfabeau dyd fhytte the dore that none myght come in/ ⁋ Thenne fayd vyenne now we fhal fee yf we may fynde ony thynge that we may haue better knowleche of/ For myn herte fayth yes/ After that they

---

[1] Caxton has *anothrr.*   [2] Query *femblable.*   [3] Query *take.*

had ferched and vyfyted alle the chambre/ they cam on a fyde of the
chambre where they fonde a lytel dore/ of whyche henge a lytel keye
by a thwonge/ and anone they opened the dore and entred therin
And there was a lytel chambre whyche was xij foot longe/ and was
an oratorye/ where as was the magefte of our Lord Ihefu Cryft vpon
a lytel aulter and at eche corner was a can[del]ftyke of fyluer/ and
thyder cam Parys for to make hys facrefyfe whan he aroos/ and
whan he wente to hys bedde/

℣ And there were the thre baners that the noble knyght Parys
had wonne in the cyte of Parys/ And the thre Iewellys of the
thre damoyfelles aforefayd/ And in the fame place was alfo the
fhelde of Cryftal and the garlond that Vyenne delyuerd to hym
whan he wāne the prys at the Iouftes in the cyte of vyenne/ And all
thefe he kepte fecrete in that place/ And whan vyenne fawe thefe
thynges/ fhe was fure that Parys was he whome fhe had fo moche
defyred to knowe/ and that foo moche honour had doon to hyr/
and for the grete Ioye that fhe had/ fhe fette hyr doun on the
grounde/ and there abode a grete whyle/ and coude not fpeke a word/
And after fhe fpake to yfabeau/ & fayd my fwete fyfter/ bleffyd and
preyfed be our lord of thys good Iourney/ For me thynketh I fhold
neuer departe oute of thys chambre/ Alas I haue fo longe abyden to
knowe/ who he was that fo fwetely played in his Inftrumentes fo
nygh vnto me/ and now he is fo ferre/ & thenne yfabeau began to
repreue hyr and fayd to hyr/ Swete lady I praye you that ye fay ne
do ony thyng whiche myght torne you to folye/ and be ye ruled by
wyfedom and reafon/ For not wythftondyng that parys haue fo moche
good & vertues/ yet ye ought to confyder that he is not egal to you
in lygnage ne in eftate/ For I knowe wel that many noble & puyffaunt
lordes haue demaunded you in maryage/ & loue you & do grete

thynges for you/ and alſo thonour of Parys whyche is your vayſſal and ſubget is not egall ne worthy vnto you/ ❡ Thenne vyenne was moche angry on yſabeau and began to ſay/ A veray god I am wel dyſcomforted and deceyued by the/ that thus agayn ſayeſt me of hym that I ſo longe haue deſyred to knowe/ Alas I had ſuppoſed that in noo thyng ye wold haue dyſplayſed me/ And in good fayth I ſay to the/ that this man I wyl loue and demaunde/ and I promyſe the in good fayth/ that yf thou ony more gaynſaye me I ſhal ſlee my ſelf/ and thenne thou ſhalt be cauſe of my deth/ For I wyl not leſe hym that I haue ſo longe loued/ but I ſay to the for trouthe/ that yf thou euer ſay to me ſuche wordes of my frende parys/ that thou ſhalt neuer after haue ſpace to ſay them ageyn another tyme/ for yf thou conſydereſt wel hys noble condycyons and cuſtommes/ thou ſholdeſt preyſe hym better than thou dooſt/ And knoweſt thou not wel that the kyng of fraūce wold that it had coſte hym half hys Royame that hys ſone Lowys were as valyaunte as parys is/ ❡ And alſo there be many notable lordes that deſyre to knowe his name/ and to haue hys amytye/

❡ Thenne take hede and byholde by my fayth yf euer thou ſawe man that myght be compared to hym/ certaynly alle vertues been in hym/ And ſythe that fortune hath brought me to hys loue/ he is worthy to haue my loue/ and yet more than is in me/ And haue I not reaſon & cauſe thēne to loue hym/ whyche hath doon to me ſo grete good and honour and doubtyng noo peryl of hys perſone/ and is it not wel grete worſhyp to my fader to haue for vaiſſal and ſubget the beſte knyght that is in all the world For in alle the world is noo knyght that I wold forſake parys fore/ ne oone that hath doon ſo moche for me/ And thus to ſpeke of the feates of Parys ſhe doude[1] not ſtynte/

---

[1] Query *coude.*

❡ Thenne came two damoyſelles knockyng at the chambre dore ſayeng/ Vyenne ye muſt come to my lady/ And yſabeau ſprange oute ſayeng that ſhe ſhold come anone/ And vyēne ſeyng that ſhe muſt nedes departe fro thens ſayd to yſabeau/ My ſuſter ſyth we muſt departe hens late vs take ſomme of theſe Iewellys/ and we ſhal kepe them ſecretly tyl that Ptrys¹ be comen and we ſhal ſee what countenaunce he ſhal make in hym ſelf ❡ Thenne they took the colyer and the whyte baner of vyenne and other Iewellys and hydde them vnder theyr clothes/ and wente in to the chambre of meſſyre Iaques/ but vyenne deſyred gretely to ſpeke with paris and thought longe or he came home/ And in the mene whyle meſſire Iaques re-couerd of his maladye and bycam alle hool wherof Vyenne had grete Ioye but ſhe durſt not ſhewe it/

❡ *How Parys and Edward retorned oute of braband/*

AFter certeyn tyme that Parys had be in Braband wyth hys felowe Edward/ he deſyred ſtrongely to ſee the fayr vyenne/ For the loue of hyr deſtrayned hym moche ſtrongly/ ❡ Neuertheles he durſt not telle it to hys felowe/ to thende that he ſhold take noo dyſplayſyr of hys departyng/ And ſone after the ſpace of v dayes Parys receyued a letter that hys fader was ſeek/ & thēne he ſayd to Edward/ Ryght dere brother & felowe/ pleſeth it you to wete that my fader is ſore ſeke/ & me ſemeth it were good that we departed yf ye conſente but I praye you that ye take noo deſplayſyr² in thys departyng/ for yf it playſe god we ſhal ſone retorne/ And edward ſeyng the Iuſte reaſon of Parys and hys good wylle/ ſayd to hym that

---

¹ Query *Parys.* ² Caxton has *deſplayryr.*

he was wel content & plefyd/ wherfore Incontynente they departed
oute of braband and came in to the cyte of vyenne/ of whos comyng
meffyr Iaques had fouerayn playfyr fpecyally/ by caufe he had herde
that Parys hys fone had doon valyauntly feates of armes/   ⁑ Now
it happed that whan Parys was arryued at home wyth hys fader lyke
as he was accuftomed/ Allewaye tofore or he wente to hys bedde/ he
wente to make hys oryfons and prayers/ and after he aduyfed yf he
lacked ony thynge/ and fonde that tho thynges that he loued befte
were taken awaye/ wherof he was moche angry/ and quafi half in
defpayr in fuche wyfe that alle the nyght he coude not flepe   And
whan it came in the mornyng he came to hys moder and fayd/ Moder
how is it that ye haue not kepte my chãbre cloos and fhytte/ For I
lacke certayn thynges whyche I wold not gladly lefe/ and haue for
them grete dyfplayfir/ To whom hys moder anfuerd/ My fone by
my fayth there neuer entred therin perfone/ but on a tyme whan
your fader was feek came my lady dyane and hyr doughter vyenne/
and whan they had vyfyted your fader/ they wente al aboute for to
fee thys caftel/ and thenne they entred in to your chambre/ But I can
not thynke that they took ony thyng for they taryed not longe/ fauf
onely vyenne whyche taryed onely allone fauf hyr damoyfel/ by caufe
fhe was euyl at eafe at hyr hert/ wherfore my fone I praye you to
take noo dyfplayfyr/ And thenne Parys fayd to hym felf/ yf none
other theef haue taken it fauf fhe I fhal not be dyfcouerd/ Neuer-
theles I wote neuer yf Vyenne hath taken it awaye for ony thynge/
⁑ And after he arayed hym felf and cladde hym moche nobly/ &
wente to do the reuerence to the daulphyn/ and to dame Dyane/
And after to Vyenne theyr doughter/ And the dolphyn receyued
hym moche curtoyfly/   ⁑ And the daulphyn demaunded hym
tydynges and of many other thynges/

❧ And whan the fayre lady Vyenne fawe parys of the grete defyre that fhe had to fee hym/ and of the grete loue that fhe bare to hym/ alle hyr chere was coloured lyke a freffhe rofe in the monthe of Maye/ and coude not be contente ne fylled to beholde hyr fayre loue and frende Parys/ And the more fhe byhelde hym/ the more grewe and encreaced hyr loue toward hym ❧ And Parys beyng tofore the dolphyn on his knee moche humbly durft not loke on Vyenne/ But in hys herte he had grete payne/ And who had wel byholden hym/ had wel feen in his vyfage hys thought/ And after that the dolphyn had demaunded hym of that it plafed hym Parys took leue of the dolphyn and of my lady dyane & of vyenne theyr doughter & retorned home to hys faders hous/

After a fewe dayes Vyenne in fuche wyfe as loue deftrayned hyr faid to hyr damoyfel yfabeau/ my fufter knowe ye for trouth that me femeth that parys is moche penfyf/ and I byleue that it is for hys thynges whyche he fyndeth not in his oratorye/ me femeth it is befte that we lete hym haue knowleche that we haue them/ Ifabeau anfuerd/ it were wel doon foo/ but that it be doon honeftly and fecretely/ Thenne fayd vyenne I fhal aduyfe the manere After certeyn dayes vyenne fayd to hyr moder/ Madame I lete you wete that I am a lytel charged in my confcyence/ & I wold fayn confeffe me to fomme good perfone/ And it is tolde me that the byffhop of faynt laurence is a moche honeft man & deuoute/ wherfore madame I praye you to fende for hym þᵗ I myght fpeke wyth hym/ And my lady dyane feyng the good wylle of hyr doughter fente for to fetche the byffhop/ And vyenne confeffyd hyr to hym moche deuoutely fpekyng alwaye of our lord & of hys commaundementes/ & after that fhe was confeffyd/ fhe prayed þᵉ byffhop that he wold come ageyn

on the morne/ for ſhe fonde grete comforte in his wordes/ & that ſhe
wold telle hym ſomme thynges in grete ſecrete/ And on the morne
the byſſhop came ageyn to vyenne/ & vyēne ſayd to hym thus/
My ghooſtly fader ſomme thynges haue been taken away in a place/
the whiche longen to parys ſone of meſſyre Iaques/ And the perſone
that hath them hath therof conſcyence/ And therfore I praye you as
moche as I may/ that by your benygnyte ye ſay to hym that yf he
may/ he come to morne hyther wyth you/ & the byſſhop whyche
aduyſed hym noo thyng of thentencyon and thought of vyēne ſaid
that he ſhold brynge hym wythoute faute/

❦ *How vyenne dyſcouuerd hyr courage to Parys*

ON the morne the byſſhop came moche dylygently & brought
parys wyth hym/ And vyenne ſalewed parys wythoute to
make ony ſemblaunte of loue/ and parys rendred hys ſalewes
ageyn moche humbly/ And thenne Vyenne wythdrewe hyr fro the
byſſhop and the other/ and ſaid to parys It is not longe ſythe ye
were goon in to braband/ and that I accompanyed my lady my
moder for to goo vyſyte your fader whyche thenne was ſeek/ & we
ſawe and byhelde al the caſtel vntyl we came to your oratorye &
there I ſawe certayn Iewellys whyche moche wel pleaſed me and I
took them & haue kepte them vntyl thys preſent tyme/ And I ſhal
now rendre them to you ageyn/ & therfor I praye you that yf I haue
doon ony dyſplayſyr or maad ony defaulte that ye wyl pardonne me/
for I promyſe to you by my fayth that I haue doon it for none euyl/
To whome parys anſwerd humbly and wyth grete reuerence & ſayd
moche curtoyſly/ Madame by your curtoſye ye came to vyſyte my
fader/ of whyche vyſytacyon not onely my fader/ but alle our frendes

haue receyued grete & fouerayn honour/ wherfore myn excellent
lady/ my fader/ my moder/ and I been alle youres/ and alle that we
haue alfo/ And yf by aduenture your ladyfhyp had ony playfyr to
take of my Iewellys/ I enfure you by my fayth/ that myn hert hath
therin moche gretter playfyr thā hert of man may thynke and yet
more fhold haue yf the fayd Iewellys were better the half than they
be/ Soo thenne I praye you ryght honourable damoyfel that ye wyl
pardōne me For not al onely thefe Iewelles whyche been of lytel
valewe but my fader my moder and I been al youres/ and al redy to
obeye to your feruyce/ and knowe ye verayly that it is not longe
fythen/ that the fayd Iewels were by a frenffhe knyght gyuen to me/

THenne fayd Vyenne ye nede not to fay to me fro whens thefe
Iewels ben comen/ For I knowe them as wel as ye/ And
vyenne fayd/ I meruaylle me gretely how ye fo longe haue hydde
your loue fro me/ I praye you as moche as I may/ and by the fayth
that ye haue toward me that ye fay to me the trouthe of that whyche
I fhal demaunde you/ for moche I defyre it to knowe/ ℂ Thenne
fayd Parys ryght honourable damoyfel/ ye ought not to praye me/
where ye haue power to commaunde me/ For alle that/ your lady-
fhyp fhal plefe to demaunde me/ I fhal fay to you the trouth wyth
good hert & good wylle/ Thenne fayd vyenne I wyl fyrſt that ye fay
the trouthe/ that yf ye were he/ that in fuche a yere cam euery nyght
fyngyng and fownyng Inſtrumentes fo fwetely tofore my chambre/
After I wyl that ye telle me yf ye wāne the Iuſtes that were made the
fyrſt day of may in this cyte/ And yf ye bare awaye the fhelde of
cryſtal and the chapelet whyche I haue feen in your oratorye/ After
I wyl that ye fay to me/ yf ye wanne the Iuſtes the xviij day of
feptembre whyche were made in the cyte of parys/ where as were fo

F

many noble knyghtes & barons/ & yf ye had goten there the iij
baners whyche I haue feen in your oratorye/ & I praye you that ye
telle to me/ yf ye haue doon to me fuche feruyce/ for fuche thynges
ye ought not to hyde/ And yf by aduenture ye haue doon them for
the loue of my fader or of hys courte/ we be moche holden to you &
be bouden to thanke you/ And yf by aduenture for ony lady or for the
loue of me ye haue doon it/ I thanke you as moche as I may/ and it
is wel reafon that ye therfore be rewarded/ And yet fayd Vyenne to
Parys/ knowe ye for trouthe/ that it is long fythe that I haue defyred
to knowe/ & yet defyre ftrongely to knowe it/ wherfore yf ye wyl do
me ony playfyr/ I praye you that ye fay to me the trouthe/ wythout
leuyng of ony onely thynge or word/

THēne fayd parys moche humbly with grete fhamefaftnes that
he had to vtter the folye that he had enterpryfed/ Ryght
honourable and fayr lady I am not worthy to be named hym whiche
hath doon thys/ whyche it hath pleafed you to demaunde of me/ but
notwythftondyng that I be a man of lytel eftate I humbly fupplye you
that in caas ye fhal fynde dyfplayfyr in my wordes that it playfe you
to pardonne me/ and that ye take noo dyfplayfyr in that I fhal fay/
for your nobleffe fhal not be the laffe in valure/ For my caas enfor-
ceth me to fay that/ whyche is to me folye to thynke/ Thenne Parys
al fhamefaft and in grete reuerence knelyng vpon hys knee fayd/
Ryght worfhypful damoyfel parys your Indigne feruaunt is he of
whome ye haue fpoken & demaunded/ & fhal to you obeye and
ferue in al thynges that ye haue me demaunded/ For fythe that I
haue had ony rememberaunce/ my wylle & my thought hath be fub-
myfed to your perfone and fhal be as longe as I fhal lyue/ Thenne
fayd vyenne/ Parys my fwete frende it is not now tyme that I make

anſuer to your wordes/ for it ſhold be ouerlonge to recounte/ But
that not wythſtondyng I wyl wel that ye knowe that your loue
deſtrayneth me ſo ſtrongely/ that there is no thynge in the world
th‑t I loue ſoo moche as you/ wherfore abyde in good hope
Ioyouſly/ for yf it playſe god ye ſhal ſee that thys whyche I ſay ſhal
be trewe/ Thenne ſayd parys/ Madame who may thynke the Ioyouſte
in whyche I am by your anſuer whiche is to me ryght ſwete/ For I
neuer ſuppoſed to haue had ſo ſwete an anſuer of you/ but for to haue
endured in payne & in languyſſhyng/ For not onely to me/ but vnto
a kyng ſhold be ouer moche to haue your loue/ & I praye god that
I may doo ſuche thynges as may be to you playſaunt/ and that I
neuer lyue to do to you thynge that ſhold deſplayſe you/ ne torne
you to melancolye/ & thus departed that one fro that other in gretter
loue than tofore/ and took terme to ſee eche other ageyn as haſtely
as they myght/ and vyenne retorned more Ioyouſly than ſhe ſhewed/
and wente in to hyr moders chambre/ and after the byſſhop departed/
& parys accompanyed hym vnto his paleys and took leue of hym/
& retorned home vnto hys faders lodgyng/ & after tolde to edward
hys felowe/ alle the parlament that he had had wyth vyenne/ &
Edward ſayd to hym/ fayre brother and frende/ herein is no Iape ne
truffes/ but I praye you that ye do your thynges ſecretly for there
ben many falſe tonges   And Vyenne was moche more Ioyous than
ſhe had ben accuſtomed/ and Parys alſo/ And the ſayd Parys &
edward hys felowe made grete chyualryes & dyd grete armes/ whyche
were moche playſaunt to the fayre vyenne/ Thenne it happed that
after certeyn tyme ſeyng the dolphyn that hys doughter was come to
xv yere of age/ treated for to gyue to hyr an huſbond/ And many
tymes he had ben requyred of many noble prynces but by cauſe he
had but hyr onely and no moo ſones ne doughters/ vnnethe he wold

confente   And in treatyng thus of maryage Parys herde fomme
thynges wherof he was fore ennoyed in hym felf/ and thought/ why
thynke not I to haue this noble lady whyche is fo moche defyred of
fo many noble prynces & barons/ and fore bewaylled hym felf/ and
dyd foo moche that he fpake to vyenne and fayd/ O fwete Vyenne/
where is your fayr and agreable promeffe that ye made to me whan
I departed fro you/ and how may it be/ that your fader fpeketh for
to marye you/

WHan vyenne herde Parys fpeke in thys manere/ fhe fayd to
hym parys yf my fader fpeke to me of maryage/ it is noo
grete meruaylle/ for I may not deffende hym/ Neuertheles I haue
not confented to ony maryage/ And ye knowe wel that maryage is
nothyng worth/ wythout the confentyng of bothe partyes/ wherfore
I praye you to be contente/ for I promyfe to you that I fhal neuer
haue man in mariage but you/ and I wold that it fhold be fhortly
accomplyffhed yf it pleafed god/ honeftly & Iuftly and not in fynne
ne in ordure/ Therfore I wyl that ye affaye one thynge/ which
fhal be moche dyffycyle to doo and ryght peryllous/ but neuertheles
it byhoueth that it be doon/ thēne fayd Parys/ honourable lady/ that
whyche fhal playfe you to commaunde me/ I fhal accompliffhe it
with good hert though I fhold deye/ & thenne fayd Vyenne/ I wyl
that Incontynent ye fay to your fader/ that he goo to my lord my
fader/ and requyre hym that he gyue me in maryage to you/ and
that herein ther be no deffaute/ & whan Parys herde the wylle &
defyre of vyenne/ he was quafi al abaffhed & fayd/ Ryght honourable
lady & how/ wyl ye that I deye thus/ I praye you yf it playfe you/
that it be not doo/ Thenne vyēne fayd fette ye fo lytel by me/ that
ye wyl not enterpryfe this/ Alas where is your entendement/ Certes

it muſt nedes be doon/ Incontynent Parys anſuerd/ worſhypfull
lady/ ſythe it playſeth you/ I ſhal accomplyſſhe your cōmandement
though I ſhold deye therfore an hondred thouſand tymes & thus took
leue of vyenne and wente to hys fader Incontynent and ſayd to hym/
Dere fader alwaye ye haue ſhewed to me grete loue/ wherfore I by-
ſeche almyȝty god that he rewarde you lyke as I deſyre/ Dere &
honourable fader I wold praye you of one thynge/ and by cauſe it is
doubtous I wyl that ye promyſe it to me tofore I ſay it to you/ for
ellys I wyl not ſay it vnto you/ & hys fader ſayd to hym/ My ſone
there is nothyng in the world that I may doo for the/ but I ſhal
accomplyſſhe it by the grace of god/ therfor ſay to me thy playſyr
& wylle/ & thenne parys tolde to hys fader a parte of the pryuete
and promeſſe that he had wyth vyenne/ by cauſe he ſhold wyth the
better wylle doo that/ whyche he wold requyre hym/ Thenne ſayd
parys to his fader/ the prayer that I praye & requyre you is/ that it
playſe you to ſay to the dolphyn/ that he gyue to me hys doughter
to wyf and in maryage/ And I humbly byſeche you that herein ye
wyl not faylle me/ & meſſire Iaques heryng hys ſone thus ſpeke/
almooſt he was fro hym ſelf for the grete folye þᵗ he ſayd to hym/ &
he ſayd in repreuyng hym that he neuer ſhold ſpeke more of that
fayte/ for he wold not deye for hys doughter/ and that he ſhold de-
maunde of hym ſomme other thynge/ for it were grete folye to ſpeke
to hym of ſuche a thynge/ And parys ſayd worſhypful fader/ as
moche peryllous is it to me as to you/ therfor I am not abaſſhed
thugh ye reffuſed to doo it/ But loue enforceth and conſtreyneth me
ſo ſtrongely/ that I am half confuſed/ and am as wel contente that he
do it not/ as to doo it/ but that ye do your deuoyr onely/ and ſo
longe parys prayed hys fader/ that he¹ promyſed hym to doo it/

---

¹ Caxton has *be*.

¶ How meſſire Iaques demaũded of the doulphyn hys doughter vyenne in maryage for hys ſone Parys/

THenne went meſſire Iaques to the dolphyn all chaunged of colour and ſayd to hym/ My ryght redoubted and ſouerayn lord a certeyn requeſte is made to me/ whyche I muſt ſay vnto you/ the whiche me ſemeth is of paſſyng lytel reaſon/ and therfore it muſt be at your mercy/ and in caas ye fynde therin dyſplayſyr/ that ye pardonne me/ and to take noo regarde to my grete folye/ The doulphyn truſtyng in the grete wyſedom of meſſire Iaques graũted hym to ſay what ſomeuer he wold/ Thenne ſayd meſſire Iaques/ Myn hye and ſouerayn lord/ Parys my ſone hath prayed me ſo moche that I ſhold requyre of you vyenne your doughter to be hys wyf/ the whiche thynge is not onely to ſay/ but alſo to thynke grete preſump-ſyon and grete folye/ but the loue of my ſone conſtrayneth me ſoo ſtrongely/ that by force I muſt ſay it to you/ And ſodeynly the doulphyn was moeued in grete felonnye/ and wold not ſuffre hym to ende hys wordes/ but repreued hym moche hardly ſayeng/ vylayne & vaſſal that thou arte/ how kepeſt thou my worſhyp/ by god I ſhal wel chaſtyſe you/ that ye ſhal neuer thynke ſuche thynges/ and co-maunded hym that Incontynent he ſhold departe thens/ and that neuer he ne hys ſone ſhold come in hys ſyght/ wherfore meſſire Iaques departed thens moche rebuked holdyng doun hys heed/ and retorned in to hys hous/ & tolde to hys ſone Parys al that had be ſayd and doon bytwene hym & the Doulphyn/ wherof Parys thanked moche hys fader/

THe doulphyn wente in grete thouȝt thurgh the paleys hauyng grete Indygnacyon and alle angry in foo moche that none durſt ſpeke to hym ne come in his waye/ and he beyng thus in thys manere he ſente for his doughter vyēne & made hyr to come to hym/ and ſayd to hyr/ we haue had wordes of grete dyſplayſyr/ Thys vyllayne meſſyre Iaques hath ſayd to vs that we ſhold gyue you to wyf and in maryage to hys ſone Parys/ Aduyſe you what wyſedom it were/ by god or that I ſhold do it/ I wold rather make you a nonne or a menchon/ & it ſhal not be longe to/ but that ye ſhal be hyely maryed/ ſo that ye ſhal holde you contente/ & here I ſwere to you that yf it were not for the grete ſeruyces that he hath doon to me Incontynent I ſhold do ſmyte of hys hede/ & whan vyenne ſawe hyr fader in ſo grete angre ayenſt meſſyre Iaques & hys ſone/ ſhe ſente for to ſeche Edward for to come ſpeke to hyr/ & whan Edward was come Vyenne ſayd to hym/ Edward it is ſoo that my fader is moche angry ayenſt meſſire Iaques & ayenſt parys wherof I haue grete dyſ-playſyr & haue grete doubte that my fader wyl do ſomme harme to Parys/ & therfore I wyl that ye ſay to hym/ that he kepe hym ſelf in the mooſt ſecreteſt wyſe that he may/ and I ſhal alſo ſee the manere yf I may appeaſe his felonnye and angre/ Thenne edward Incontynent took leue of vyenne/ & went & ſayd to paris all that vyenne had ſayd to hym & ſayd fayr brother/ me ſemeth that it were good that ye departed oute of this contrey for to abſente you for a ſpace of tyme For it may be that to the doulphyn ſhal longe endure hys angre/ as I vnderſtonde by that whyche vyenne hath ſayd to me/ Thenne anſuerd Parys/ ſythe that ye haue counceylled me ſoo I ſhal ſo do/ not wythſtondyng that it ſhal be to me a ſorouful & an heuy departyng/ but er I departe I ſhal take leue of Vyenne though I ſhold deye/

THenne Parys dyd foo moche that he fpake vnto vyenne on a derke nyght at a lowe wyndowe/ where as they myght wel fay what they wold/ I am certeyn fayd vyenne that my fader hath wylle to hurte you/ wherof I lyue in grete melancolye/ For in al the world is no thynge that I loue fo moche as you/ & yf by aduenture ye deye I wyl not lyue/ Thenne fayd parys/ honourable[1] lady it femeth me befte that I departe fro hens a certeyn tyme tyl my lord your fader be more peafed & hath paffed hys euyll wylle/ how be it/ that it fhal be to me a moche forouful thynge to wythdrawe me fro you/ For my lyf fhal be moche heuy/ Neuertheles I fhal accomplyffhe your wylle in alle that ye fhall commaunde me/ what fomeuer come therof/ And vyēne feyng the good wylle of parys after many wordes fhe fayd to hym/ Parys my frende I knowe well the grete loue that ye bere to me/ & fythe it fo is/ I fwere to you by my fayth/ that ye fhal neuer departe fro thys cyte wythoute that I goo wyth you/ For it is my wylle/ wherfore affone as ye may/ make you redy of al thynges neceffarye/ and fynde ye the manere that we may efcape oute of the royame of fraunce/ and that we may goo in to fomme other lord-fhyppe/ where as we may lyue Ioyoufly and furely Neuertheles tofore or we departe from hens I wyl that ye promyfe two thynges/ The fyrft is/ that ye touche not my body vnto the tyme that we be lawfully maryed/ The fecond is that yfabeau parte in al the goodes that we fhal haue/ and other thynge wyl I not as for thys prefent tyme/ but that onely our departyng may be fhortely/ and I fhal pourueye fomme Iewels & money for our neceffyte/ and al thys Parys pro-myfed to hyr/ and eche departed fro other for tadreffe fuche thynges as to them fhold be neceffarye/

---

[1] Caxton has *hanourable*.

WHan Parys was departed fro vyenne he wente to a man named
george and fayd to hym/ George my frende alwaye I haue
trufted in ·you/ and haue alwaye loued you/ wherfore I praye you
now that to thys that I fhal fay you ye faylle me not/ for I pro-
myfe you ye fhal not lefe therby/ and George promyfed to hym
to doo al that fhal be to hym poffyble wyth ryght good hert/
& thenne Parys fayd to hym/ knowe ye for cartayn that I haue
wrath & rancour to a man of thys toune for certayn defplayfyr
that he hath doon to me/ wherfor I wyl flee hym/ and Incon-
tynent as I haue flayne hym/ I wyl departe out of the royame
of Fraunce/ wherfore I praye you þᵗ ye wyl goo to Aygues
mortes/ & that ye there make redy a ·galeye furnyffhed of al thynges
neceffarye tyl that we be arryued there as we wold be/ And alfo I
praye you that ye doo ordeyne fro hens to aygues mortes fro v myle
to v myle alwaye good horfes redy to thende that we may furely re-
freffhe vs yf it be nede/ & alfo I wyl that ye do thys as fecretly as
ye may/ and loo here is money ynough for to furnyffhe thefe fayd
thynges/ George fayd/ I fhal doo al thys gladly/ And Incontynent
made hym redy/ & whan he came to aygues mortes he hyred a
galeye/ and eftabliffhed al the paffages/ and dyd wel al that parys
had charged hym/ & came ageyn/ and tolde to parys how he had
pourueyed al that he had charged hym/ wherof parys was moche
Ioyous/ & anone parys wente and tolde to Vyenne that alle thynges
that fhe had comaunded were doon And thēne they concluded
that the nexte nyght folowyng that at a certeyn houre eche of them
fhold be redy/ thēne he took leue of hyr and wente home/ and bad
George to take two hors out of hys ftable/ and that he fhold fadle
them and abyde hym wythoute the cyte in a certayn place tyl he fhold

come/ & Edward the felowe of Parys wyſte noo thynge of alle thys/ wherof he was moche abaſſhed and meruayllouſly angry whan that he knewe it/

❡ *How parys ladde awaye vyenne and yſabeau by nyght/*

WHan Parys was pourueyed of money and of al other thynges beyng to them neceſſarye/ he wente allone the ſecreteſt wyſe þᵗ he myзt and came to the place empryſed at the houre taken/ and he made a tokene whiche vyenne knewe And anone vyenne and yſabeau cladde them in mannes araye & lepen oute of þᵉ caſtel by a fauce porte/ and ſo came theſe two damoyſelles to the place where as parys was allone/ whyche awayted vpon theyr comyng/ & Incontynent they departed and went where as theyr horſes were whom they took & rode as faſte as they myght/ and george rode alwaye tofore by cauſe to knowe wel the waye/ and whyles they thus rode/ aroos a ſtorme wyth a grete rayne whyche endured tyl on the morne at nyght/ and thenne they arryued nygh vnto a lytel towne/ but they entred not by cauſe they wold not be knowen/ and wente & lodged them in a lytel chyrche nygh vnto the toun/ where they fonde a chapelayn whiche receyued them gladly the beſt wyſe he myght/ & thenne whan the nyght came Parys and the chapelayn ſlepte in a lytel hous Ioynyng to the chyrche/ George and parys ſeruaunte ſlepten in the ſtable with the beſtes/ And vyenne and yſabeau ſlepten in the chyrche/ and in the mornyng erly they wente lyghtly to horſback/ & rode tyl they came nyghe vnto a ryuer/ whyche was ryſen hye by cauſe of the rayne that had fallen/ Thenne parys was moche angry by cauſe he ſawe wel that it was moche peryllous/ & ſayd to George/ that he ſhold ſerche & aduyſe ſomme

good place where they myght paſſe ouer/ & george wythdrewe hym
a lytel from them/ and chaas a place whiche thought hym good/ and
took the ryuer wyth hys hors/ And whan he was in the myddes of
the ſtreme hys hors faylled hym that he was drowned and hys hors
alſo/ ⁋ Parys ſeyng that george was drowned was moche ſore
abaſſhed/ and durſt make noo ſemblaunte/ by cauſe that fayre vyenne
ſhold haue noo melancolye/ And after Vyenne demaunded of Parys
where george was bycomen/ and parys anſwerd to hyr/ that he had
ſent hym for to ſerche ſomme good paſſage/ and they wold torne in
to the chyrche ageyn tyl George were comen/ And vyenne anſuerd
to hym that it playſed to hyr wel ſoo to doo/ For ſhe had grete
doubte and ſere for to paſſe the water/ ⁋ And whan they were in
the chyrche/ Parys was moche aferde to abyde longe in that place/ for
he ſawe that it was not ſure/ wherfore he demaunded the chapelayn/
yf they myght in ony wyſe paſſe that water/ And the chapelayn ſayd
not in thre dayes tyl the water were decreced and aualed/

⁋ And parys ſayd to hym that he ſhold goo in to the towne to
ſeche and ſee yf he myght fynde ony men that wold make a brydge
ſoo that they myȝt paſſe   And that he ſhold ſpare for no money/
For I ſhal paye to them as moche as they wyl haue/ & the chapelayn
ſayd that he ſhold doo hys beſte/ Thus dyd Parys noo thynge but
thynke how they myght paſſe the ryuer/ Now leue we Parys and
torne we to the doulphyn/ whych had loſt his fayre doughter vyenne/

⁋ *How the doulp[h]yn dyd doo ſerche and ſeche vyenne by hys ſeruauntes/*

ON the morne that vyēne was loſte & departed fro the hous of
hyr fader/ & that the doulphyn knewe it/ he ſuppoſed to
haue goon oute of hys wytte/ & al the courte was troubled/ & ſente

haſtely men on horſback & a fote by dyuers partyes the mooſt
ſecretely that he myght/ & prayed them that they ſhold brynge
home to hym vyenne quyck or dede/ It happed by aduēture that
one of his men a fote that was ſente to ſeche Vyenne came in to the
towne where as the chapelayn was comen to ſeche men to make the
brydge/ The foteman demaunded euery man yf they had ſeen two
damoyſelles whyche were fledde fro the doulphyns courte/ Thēne
the chapelayn ſaid to hym that it was not longe ſyth ſuche tweyne
departed wyth other men ❦ And the man ſuppoſed that the ſayd
chapelayn had ſayd it in Iape or in mockyng/ And ſayd that the
Doulphyn was moche angry/ and had ſworne that yf ony mā or
woman knewe where they were and ſhewed it not/ that he ſhold
make them to loſe theyr hedes/ And whan the chapelayn herde theſe
wordes he remembred hym of them that were hyd in hys hous/ And
in grete drede ſayd to hym/ that he ſhold tarye there a lytel/ & that
for the loue of my lord doulphyn he wold gladly ſeche for them/
and aſſone as he myght fynde tydynges of them he ſhold lete hym
wyte/ And ſo departed fro thens/ and retorned home ageyn/ and
tolde al thys to parys/ and what he had herde in the toune/ ſayeng
alſo that he doubted that it was for them of hys companye/ wherfore
he ſayd to hym ferthermore/ ſyr I praye you that ye departe from
hens/ and ſuffre not that I leſe my lyf/ but take ye the beſte coun-
ceyl ye can/ For there ben fyfty men on horſback that ſeche you/
whan Parys herde hym ſay this it nedeth not to demaunde yf he
were heuy and melancolyous/ and for the grete ſorowe that he had
he chaunged al his colour/ And he ſayd to the chapelayn/ I praye
you that ye tarye a lytel & I ſhal make you an anſuer/ & thenne
Parys went to vyenne/ for to telle to hir al thys feat/ And whan
vyenne ſawe hym entre/ and ſo chaunged in hys colour ſayd to paris/

what tydynges brynge ye whyche are fo pale and your colour chaunged/ I praye you as hertely as I can that it playfe you to telle me/ Thenne Parys fayd to hyr The tydynges that I brynge ben euyl for you and for me/ For fhortly fhal be accompliffhed our aduenture/ and therfore I wyl flee my felf/ and alfo he faid complaynyng/ O god how my lyf is forowful and heuy to haue brought thys excellent lady as ye ar in fuche daunger/ O good god why gaf thou not to me the deth tofore or that I fette hir out of hyr faders hous/ O alas my fader and my moder what fhal befalle of you/ whan the doulphyn fhal knowe/ that I haue ftolen from hym hys doughter/ ❡ O my good felowe Edward why counceylled not I wyth the tofore or I had doon thys folye And after he retorned to vyēne fayeng/ and what fhal falle of you my lady/ whan your fader fhal fee you/ Certes I thynke that how cruel that he be/ whan he fhal fee your noble perfone/ his hert fhal not fuffre to do you ony harme/ O god almyghty do to me that grace þᵗ I onely may bere the payn of this fayt & none other/ O lady vnhappy was that day for you and for me whan fyrft ye had acqueyntaunce of me/ And whan Parys had fynyffhed hys complaynte/ he tolde to Vyenne al that the chapelayn had fayd to hym/ And forthwyth as a perfone defpayred/ took hys fwerde and wold haue ryuen it thurgh hys body/ And Vyenne as vertuoufe and valyaunte took to hyr hert/ and took the fwerde fro hym and comforted hym and fayd/ ❡ O free knyght/ my Ioye/ my lyf/ and my folace/ what wyl ye doo/ knowe ye not wel/ that who that fleeth hym felf wytyngly/ fleeth the foule and the body/ and yf ye deye/ I affure you I fhal deye alfo/ and fo fhal ye be caufe of my deth as wel as of your owne O Parys where is your wyfedom and your proweffe/ Now whan ye fhold haue mofte ftrengthe & mooft vertuous courage ye be aferde/ O my knyght thys is noo newe thyngë that the perfones that

lyuen in thys world haue trybulacyons/ of what fomeuer lygnage they
be/ Certes thys is not the courage of one fo valyaunte knyght as ye
be/ For now whome that ye ought to comforte/ fhe muft now com-
forte you/ And therfor my fayr brother and frende I praye you as
moche as ye may/ that Incontynente ye departe fro hens/ and that ye
goo your waye/ and yf ye do not fo I fhal flee my felf wyth your
fwerde/ For your departyng is as greuous to me/ as myn fhal be to
you/ but it byhoueth to efchewe of two euyls the werfe/ And alfo ye
ought to confydere one thyng/ that not wythftondyng the grete faulte
and trefpaas that I haue made to my fader/ yet therfore he fhal not
put me to deth/ confydered the grete loue that he hath alway had
toward me/ and yf ye were taken/ I wote wel that ye and I fhold bothe
deye/ And yet I haue good hope/ that myn entencyon fhal come
vnto a good ende/ For be ye fure though he neuer pardonne me/ I
fhal neuer haue other hufbond but you and that I promyfe you by
my fayth/ But alle waye of one thyng I praye you/ that for none
other lady ye forgete not me/ And whan ye fhal be in another con-
treye wryte vnto me of your aduenture/ And to thende that ye the
better remembre me loo here is a rynge of gold wyth a dyamonde/
the which I praye you that ye wyl kepe for the loue of me

℃ *How Parys departed from Vyenne/ and lefte hyr in the chyrche/*

AFter moche other langage paris kyffed vyene wyth grete fyghes
and thoughtes/ and fhe comforted hym the beft wyfe fhe
myght/ in prayeng our lord Ihefu Cryfte that in fhort tyme fhe
myght fee hym/ lyke as hyr herte defyred mooft of ony thynge that
was in the world/ And thenne Parys departed fro Vyenne wyth
grete forowe and heuyneffe/ And took his waye wyth hys feruaunte

tyl he came to the ryuer where they coude not tofore haue paſſed/
and as deſpayred doubted noo thynge but entred therin/ and the
water was foo aualed that they paſſed wythoute ony peryl/ And they
rode two dayes wythoute ony mete/ for they durſt not paſſe thurgh
ony toun/ And they paſſed tyl they came to aygues mortes/ And
there he founde the galeye that george had hyred/ whyche anone he
took/ and ſo longe ſaylled and rowed tyl that they arryued at Gene/
Parys made meruayllous countenaunces in the galeye/ that alle they
that were therin/ had ſuppoſed he had be a fool/ for allewaye he
was penſyf/ and ymagynatyf/ and vnnethe wold ſpeke ne ſay a word/
℧ Thenne whan he was at gene he hyred hym a lodgyng & lyued
there in grete heuyneſſe & ſorowe/ Now leue we to ſpeke of Parys
and retorne we to vyenne whyche abode in the chapelayns hous

℧ *How vyenne was founde in the chyrche by a foteman/ and how*
ſhe was brought ageyn to hyr fader/

WHan Parys was departed fro vyenne ſhe abode allone wyth
yſabeau makyng the gretteſt ſorowe of the world that it was
a grete pyte to byholde/ lyke as ſhe had as leef to deye as to lyue/
And whan ſhe was wel wery of wepyng/ and that it was force that
ſhe muſt retorne to the mercy of hyr fader the doulphyn/ ſhe ap-
peaſed hyr ſelf/ And anone the chapelayn went for to ſeche the
foteman and brought hym in to the chyrche/ And whan Vyenne
ſawe hym/ ſhe knewe hym wel/ For ſhe had oftymes ſeen hym in hyr
faders hows/ And thys man ſayd to hyr alle hys charge/ & that many
knyghtes were oute for to ſeche hyr/ And Vyenne ſayd to hym goo
& telle them that thou haſt founden me here/ & brynge them hyther/
Thenne the man wente & fonde the knyghtes that thenne were

comen in to the towne/ and tolde to them how he had foūden hyr/ &
that they ſhold come with hym & he wold brynge them to the place
where ſhe was/ whan þᵉ knyꝫtes herde theſe tydynges anon eche
made grete haſte tyl they cam to hyr/ thēne whā they were tofore
vyenne they ſalewed hyr and ſayd to hyr that the doulphyn had doo
ſeche hyr in dyuers contreyes/ and after they comforted hyr/ and
ſayd that ſhe ſhold not be aferde of hyr fader/ for he wold doo to hyr
noo deſplayſyr/ for he¹ ſhal haue ſo grete Ioye/ whan he ſhall ſee
you/ that he ſhal pardonne you and appeaſe hys yre/

❡ And than Incontynent they wente to horſbacke/ and brought
forth the chapelayn wyth hyr to thende that he ſhold excuſe hyr
tofore hyr fader/ and tolde how ſhe was pure and clene of hyr body/

Now ſayth thyſtory that whan Vyenne was comen tofore hyr
fader the doulphyn/ he made toward hyr heuy and euyll
chere/ But not wythſtondyng Vyenne kneled doun on bothe hyr
knees to the erthe ſayeng and in wepyng/ Redoubted fader I ſee wel
and knowe in my ſelf that I haue meſpryſed and faylled toward you/
wherof I haue grete deſplayſyr/ Neuertheles folyſſhe loue hath en-
forced me to loue hym/ whyche is wel worthy to be byloued of the
mooſt gretteſt lady of the Royame of fraunce allewaye ſeen the
noblenes that is in hym/ For I wene that in alle the world is none to
hym lyke ne pareylle/ ❡ And alſo I thynke that I am not the firſt
that haue treſpaced by ſemblable reaſons/ wherfore redoubted fader I
am in your mercy/ and take of me vengeaunce/ ſuche as ſhal playſe
you/ and to me chaſtyſement/ and example to other Neuertheles I
wyl wel that ye knowe and that I ſwere by my ſoule/ that I am as

---

¹ Caxton has *be.*

pure and clene of my body as I was that day that I departed fro hens/
And loo here is the chapelayn whyche can fay to you the trouthe/
And thenne the chapelayn tolde how fhe came wyth iij men of whom
that one was a moche fayre knyght yonge & curtoys the whyche I
byleue is drowned in paffyng a ryuer/ And they were in myn hous/
and the two damoyfelles flept to gyder in the chyrche/ and the
knyght flepte wyth me/ And the other two flepte in the ftable with
the horfes/ Thenne whan the doulphyn herde thefe tydynges he had
ryȝt grete playfyr/ of which he made noo femblaunte/ and gaf to the
chapelayn moche money & grete yeftes/ and bad hym retorne/
℄ After the doulphyn took vyenne by the hande/ in repreuyng hyͬ
moche gretely/ and lad hyr in to hyr moders chambre wyth yfabeau/
for hir moder was feke of the grete forowe that fhe had for hyr
doughter/ and there the moder blamed them bothe two/ And yfabeau
fayd that vyenne was as pure and clene of hyr body as fhe was the
day that fhe departed/ Alas fayd the doulphyn/ thou haft put vs in
the mooft gretteft fhame of þᵉ world   And I promyfe that alle they
that haue confented therto fhal be wel punyffhed/ and in efpecyal
that euyl traytre Parys whych is caufe of al thys fayte and yf euer I
may haue hym I fhal make dogges deuoure hym and alfo bothe ye
tweyne fhal fuffre therfore grete penytence/ Thenne fayd vyenne
wepyng/ I fee wel and knowe that ye haue entencion to do to me
moche gryef and harm/ and I fee wel that my lyf fhal not longe en-
dure/ Therfore I fwere to you in good fayth/ that there is noo man
in the world that I fo moche loue as I doo hym whom ye fo menace
and thretene/ For in hym I haue my thought & courage wythoute
euer to faylle hym/ and yf ye fhortly gyue to me my penaunce/ fo
moche fhortly fhal be my deth/ And yf ye fuffre me to endure it
longe/ fo moche more fhal I bere it/ and my foule fhal be the more

· H

ſure tofore almyghty god/ & knowe ye for certayn that for hym and hys loue I am redy to deye/

Thēne the doulphyn yſſued out of the chambre in grete Indygnacyon/ and commaunded that the fader of Parys ſhold be put in an euyl pryſon/ And that al hys goodes ſhold be taken fro hym/ And alſo that vyenne & yſabeau ſhold be encloſed in a chambre/ and that wel lytell mete ſhold be gyuen to them/ and moche he menaced and thretened them/ and thus they abode a longe tyme in that chambre/ and contynuelly Vyenne dremed of Parys/

❡ And whan ſhe myght haue ony ſpace to ſpeke to Edward felowe of Parys/ ſhe requyred hym that he ſhold ſerche yf he myght haue ony tydynges of parys/ and that he ſhold lete hyr knowe therof/

❡ In thys maner vyenne paſſed hyr tyme in grete ſorowe & in grete thought alle waye deſyryng for to here ſomme tydynges of that noble knyght Parys/

WHan Vyenne had ben a grete tyme in thys manere/ The doulphyn bythought hym that thenne hys doughter Vyenne had been wel chaſtyſed/

❡ And thenne the Doulphyn fader of Vyenne ordeyned that ſhe came oute of pryſon/ And thēne he purpoſed to gyue to hyr an huſbond/ and ſette hyr in hyr fyrſt eſtate/ wherof alle the courte was moche Ioyous/ and in eſpecyal Edward felowe of Parys/ ❡ And after certayn tyme the doulphyn wrote to the Erle of Flaunders that he wold doo marye hys doughter vyēne wherupon he requyred hym that he wold gyue to hym counceyll in thys mater/ For it was vnto hym chargeable/ And duryng the tyme that vyenne was oute of pryſon hyr herte was neuer in reſte/ but euer ſhe was heuy and ſorouful for hyr ſwete and faythful frende parys/ whome ſhe myght

not fee/ and knewe not whether he were dede or a lyue/ And whan
the doulphyn fawe hyr fo heuy/ On a day he fayd to hyr/ My fwete
doughter/ wherfore be ye fo forouful/ gyue your felf to playfyr/ For
as to me I remembre nomore the thynges pafled/ And there is noo
thynge in the world that ye demaunde me but I fhal doo it for you/
And thenne vyēne whyche had not forgeten Parys fayd to hym/
Honourable fader yf I were fure of the thynges paffed that they were
forgoten by you/ I fhold be more fure than I am/ but I byleue
fermely/ that ye haue them yet in your remembraunce/ For ye holde
alwaye meflyre Iaques in pryfon the fader of Parys/ whyche is not
culpable of ony parte of thys dede ne caufe/ And yf ye wold do to
me foo moche grace that ye wold pardonne hym and rendre to hym
al hys goodes & thynges I fhold be moche Ioyous/ And the doul-
phyn for the playfyr of hys doughter fayd to hyr/ that it wel playfed
to hym/ and Incontyn[en]t the doulphyn dyd do delyuer meflyre Iaques
out of pryfon/ and dyd do retorne to hym al hys goodes and thynges
that had be taken from hym/ wherof meflyre Iaques had grete
playfyr/ for yf he had abyden lenger in pryfon he had be dede
for hungre/ for there was none that comforted hym but edward/
whiche comforted hym the beft wyfe he myght/ & gaf to hym dayly
that whyche was neceffarye for hys lyf/ whan vyenne knewe that
meflyre Iaques was oute of pryfon/ fhe was moche Ioyeful and had
grete playfyr/ Neuertheles al the confolacyon of vyenne was whan
fhe myght fpeke wyth edward of hyr loue Parys/ And thus fhe
paffed hyr tyme in ryght grete payne and heuyneffe the befte wyfe
fhe myght/

WHan the Erle of flaunders had redde the letters of the doul-
phyn & vnderftood that he wold marye his doughter vyēne

whych was of the age of xv yere/ he trayted that fhe fhold haue of
two barons that one/ that is to wete the fone of the kyng of englond/
or the fone of the duke of bourgoyne/ whyche thenne had grete
renommee in fraunce/ and that was for the grete proweffe that was in
hym/ and the fayd erle made thys fayd traytye/ & fente word vnto
the doulphyn/ that hym femed beft that the fone of the duc of bour-
goyn were befte for hyr/ by caufe that it fhold be grete playfyr to
the Kynge of fraunce/ and that he was a noble knyght and of grete
proweffe/ and whan the doulphyn had receyued thefe letters fro therle
of Flaunders/ he fente to the kyng of fraunce to wyte of hym whyche
fhold beft playfe hym of thefe two prynces aforefayd that fhold haue
his doughter/ For whome that he wold fhold haue hyr/ wherof þᵉ
kyng had grete playfyr/ and reputed it to hym grete honour/ And
he fente to hym worde/ that it fhold playfe hym beft that he maryed
wyth the fone of the duc of bourgoyn hys neuew/ and in fo doyng
he fhold doo to hym ryght grete playfyr/ and wold do as moche for
hym whan tyme and place requyreth/ And feyng the doulphyn the
wylle of the kyng of fraunce fente worde to therle of flaunders/ that
he had counfeylled wyth hys barons/ & alfo that it was the wylle of
the kyng of fraunce that his doughter fhold be maryed to the fone of
the duc of bourgoyne/ And thenne therle laboured fo moche in thys
mater that he made the fayd fone of the duc to agree as for hys
partye/

❡ *How Parys fente a letter to hys felowe Edward/*

NOw late vs leue to fpeke of thys mater/ and retorne we vnto
Parys whyche abode in the cyte of gene moche heuy/ and
whyles thys maryage was in trayty Parys dwelled in gene oute of al

Ioyes and playfaunfes worldly/ & al for the loue that he had to the
fayr vyenne whome he had foo moche at his hert/ And abode alwaye
in hys lodgyng allone/ and bycame fo deuoute and foo humble toward
god/ that it was grete meruaylle/ and alfo for the good countenaunces
that he made/ he was moche wel byloued of al the peple of the cyte
and they helde hym for a noble man/ and fayd he muft nedes be the
fone of a grete lord/ And Parys beyng in thys manere had grete
defyre to haue tydynges of vyenne/ and what was hyr aduenture/
And anone ordeyned two letters/ that one to hys fader/ & that other
to hys felawe Edward/ Of whyche the letter to hys fader fayd in
thys manere/

R Yght dere & honourable fyr and fader playfe it you to wete
that I am moche forouful and heuy of my cruel aduenture/
and alfo I endure grete heuynes/ forowe and afflyctyon/ doubtyng
that for me ye haue fuffred grete payne and trybulacyon/ and I late
you wete that I am at genes/ & dwelle in a lodgyng allone depofed
fro al Ioyes and confolacyons mondayne/ For myn entendement is
to ferue god and our lady fro hens forth/ & purpofe that ye fhal fee
me nomore/ for I wyl departe & goo thurgh the world to feche holy
pylgrymages/ And yf by aduenture I fhal deye tofore that ye fhal
fee me/ I praye you that it may playfe you that I deye not in your
euyl wylle/ but humb[l]y byfeche you that it playfe you to pardonne
me/ and to gyue to me your benedyctyon/ Alfo dere fyr and fader I
praye you & fupplye that my dere brother and felowe Edward ye
wyl take in my name and place/ and that he be recommaunded as
your fone in ftede of me/ as wel in your herytage as in other thynges/
and the grace of the holy ghooft be wyth you/ Recomaunde me to
my moder &c̃/ And the letter of Edward fayd thus/

DEre and fpecyal brother and fynguler frende edward the peryl of paris and of hys aduenture is pourfyewed of alle euyl and cruel fortune/ I comaunde me to you as moche as I may fay or thynk Neuertheles lyke as we haue ben accuftomed to wryte letters of loue and of chyualrye/ Now I muft wryte letters anguyffhous of forowe and of euyl fortune/ for alas I am vnhappy al allone in a ftrange contre/ & exyled fro al Ioyes and fro alle playfyr/ and out of al worldly playfaunce thynkyng nyght & day on the bele vyenne/ the whyche I thynke that for me hath fuffred mortal forowe/ and I fay to you that yf I knewe that for me fhe fuffred payne and forowe I fhold be in defpayr/ for I am worthy for to be punyffhed cruelly for that fayte & none other wherfore I praye god and alle hys fayntes that fhe may be kepte from al euyl/ and gyue hyr grace to profpere in al good and honour lyke as fhe is worthy and myn herte defyreth/

℃ My dere broder & felowe the mooft dere thynges that I loue in thys world is fyrft the fayr and fwete vyenne/ & next you to whom I praye you yf it may be in ony wyfe that ye wyl fay to hyr in my name/ how that I am lyuyng in genes/ Paffyng my lyf moche heuy and forouful for thabfence of hyr noble perfone/ and for the cruel & euyl fortune that hath pourfyewed me/ and alfo fay ye to hyr that I crye hyr mercy/ & that it may playfe hyr to pardonne me/ yf by me fhe haue ony dyfplayfyr and god knoweth myn entencyon/ & in what trybulaciõ I lyue   And fyth that it hath not playfed to our lord/ that we accomplyffhe not our defyre & wylle/ we ought to bere it pacyently/ And alfo ye fhal fay to hyr/ that I praye and fupplye her as moche as I may that fhe yet take no hufbond/ vnto the tyme that fhe fhal fee thende of our aduenture/ & after thys I praye you dere broder of the confolacyon of my fader & my moder/ and that ye be to them as a fone, For feyng the loue that alwaye we haue had to

gyder/ I haue wryton to my fader/ that in the ftede of me he take
you for hys fone/ and that after hys lyf/ he wyl leue to you hys
herytage/ for fo moche broder & felowe I praye & byfeche you that
ye be to theym humble and obeyffaunt/ & the better parte fhal be
youres/ and yf by aduenture ye wryte to me ony letter late the letter
be kepte in my faders hous/ þᵉ holy ghooft haue you in hys kepyng/
And he delyuerd thys letter to a courrour whyche wythin fewe dayes
was at vyenne/ and fecretely delyuerd hys letters to edward the good
knyght/ whan Edward had receyued thefe letters and knewe that
paris was a lyue/ he had ryght as grete Ioye as ony man coude thynke
or byleue/ Neuertheles he helde þᵉ courrour fecretely in his hous to
thende that the dolphyn fhold not knowe therof/ and whan he had
herde the letters/ he went to the hous of meffyre Iaques the fader of
the noble parys & fayd to hym/ ℂ Meffyre Iaques I brynge to you
thys letter/ And whan meffyre Iaques had redde the letter/ he coude
not be facyat of redyng/ he took fo grete playfyr therin/ ℂ After
that he had redde it at his playfyr/ he prayed Edward to wryte to
hym an anfuer wel at large of alle that was byfallen fyth hys depart-
yng/ & thys doon edward departed fro hym/ & wente vnto beale
vyenne/ whome he fonde moche heuy and forouful for hir loue and
frende parys/ and Edward fayd/ honourable lady/ & how is it/ that
ye be thus heuy/ and vyenne fayd to hym/ alas fayr broder Edward/
I haue good reafon and caufe to be heuy For myn herte abydeth
thynkyng day & nyght on my good knyght Parys/ and I knowe not
whether he be alyue or dede/ of whyche thynge I moche defyre to
knowe/ For yf he be deed I am caufe therof/ And certes yf he be
dede I may not lyue after hym/ yf our lord wold doo foo moche
grace that he be a lyue/ fayn wold I knowe in what londe he is/ to
thende that I myȝt fende to hym a lytel money/ foo that he haue

noo neceſſyte for hys perſone/ And edward ſayd to hyr/ Madame
what wyll ye gyue me/ yf I telle te you good tydynges and ſure
of hym/

℃ Thenne ſayd Vyenne/ by my fayth there is noo thyng that I
haue in thys world/ whyche I may gyue wyth myn honour/ but that
I ſhal gyue it to you Thenne ſayd Edward/ loo here is a letter
whyche he hath ſente to me/ and whan vyenne ſawe the letter ſhe
opened it and redde it al allonge/ & whan ſhe had redde it ſhe had
ſoo grete Ioye/ that hyr ſemed god had appyered to hyr/ and the
Ioye that ſhe had in hyr hert ſhewed wel in hyr vyſage/ For
ſythe that ſhe departed fro parys ſhe had not ſo good vyſage ne chere
as ſhe had thēne & whan the ſolace had ynough endured Edward
ſayd to hyr Madame gyue to me ageyn my letter/ that I may make
to hym an anſuer/ And Vyenne ſayd it pleſeth me moche that ye
make to Parys my ſwete frende an anſuer/ but ſurely the letter ſhal
remayne wyth me/ Thenne he ſayd/ Madame haue ye not promyſed
to gyue to me that thyng that I ſhal demaunde you/ yes ſayd ſhe/
Thenne edward ſayd I deſyre ne wyll haue none other thynge/ but
that ye gyue to me my letter/ for aſſone ſhal I gyue to you my lyf/
but and yf ye wyl demaunde ony other thynge/ I wyl wel/ Thēne
ſayd Edward I am contente that the letter abyde wyth you/ & after
he ordeyned another letter to Parys which ſayd in this manere/

℃ *How Edward ſente anſuer of his letter to Parys/ whyche abode
in the cyte of genes/*

RYght dere brother frende and felowe parys/ your fader and
your moder grete you wel/ the whiche haue ſuffred for you
moche dyſeaſe/ payne and deſplayſyr/ and in eſpecyal your fader

whiche hath longe been in pryſon/ & alle hys goodes were taken fro
hym/ and alſo I certefye you that by the grace of god and at the
requeſt and prayer of Vyenne/ the doulphyn hath pardonned hym
alle hys euyl wylle/ and delyuerd hym oute of pryſon & reſtored to
hym alle hys goodes ageyn/ And pleſe it you to wete fayre brother
that vyenne hath had ſo moche Ioye and ſo grete playſyr whan ſhe
had knowleche that ye were a lyue/ that it is wonder to byleue/
For al hyr conſolacyon was for to haue tydynges of you/ & ſhe re-
commaundeth hyr to you as moche as ſhe may/ & hath moche grete
deſyre to ſee you & alſo prayeth you not to wythdrawe you fro hyr
ne fro that contreye/ but that ye wryte ofte to hyr of your eſtate/
And ſhe ſendeth to you an efchaunge of thre thouſand floryns/ of
whiche ſhe wyl that ye take your playſyr & Ioye/ for al hyr hope is
in you/ Alſo ye ſhal vnderſtonde that ſhe hath be kepte in pryſon a
certayn tyme/ but thanked be god ſhe is now oute/ Alſo I haue
ſhewed to hyr your letter/ whyche ſhe reteyneth/ and after that ſhe
had redde it/ I myght neuer haue it ageyn/ but ſhe ſayd/ that ſhe
had leuer to leſe al that ſhe had/ than the ſaid letter & ye ſhal knowe
that the doulphyn treateth a maryage for hyr the which is the ſone
of the duc of bourgoyn/ & he hopeth fro day to day/ that it ſhal be
accomplyſſhed/ Neuertheles I truſte ſoo moche in vyenne/ ſeyng þᵗ
whiche ſhe hath ſayd to me/ that ſhe wyl neuer haue other huſbond
but you/ wherfore lyue ye forth Ioyouſly in hope/ Dere brother I
thanke you as I can or may for the preſentacyon that ye haue doon
for me/ your ſoule be wyth god/ to whome I praye that he kepe you
in hys holy warde & proteƈtyon &c̃/ whan thys letter was wryten he
delyuerd it to the courrour/ whyche made haſty Iourneyes ſo that he
arryued at genes/ where as the good knyȝt Parys dwelled and abode/

WHan the noble paris had redde the letter/ & knewe that
vyenne had been in pryſon/ almooſt for ſorowe he was oute
of his wytte curſyng his euyl fortune/ & after he curſed the day that
he was borne & moche dyſcomforted hym ſelf/ & alſo he curſed the
doulphyn ſayeng/ O cruel fader and vnconnyng/ how may your hert
ſuffre to put in pryſon hyr that is ſoo noble a creature/ whyche is ful
of al vertues/ that is the fayre vyenne/ whyche is noo thynge cauſe of
thys ſayte/ For I my ſelf onely haue doon it/ & ought to bere allone
the penaunce/ alas & wherfore dyd not god to me ſo moche grace/
that I had be taken in ſtede of hyr/ O fayre vyenne what haue I
doo for you/ whyche haue ſuffred ſoo moche payne for me/ Thus he
made a grete whyle hys ſorowe in wepyng ſtrongely/ After Parys
ſawe that the fayr vyenne was retorned in to hyr fyrſt eſtate/ wherof
he was moche Ioyous/ & whan he had receyued the eſchaunge that
vyenne had ſente hym he hyred a moche fayr hous & cladde hym
honeſtly & rychely & took acqueyntaunce & amytye wyth the gretteſt
& beſte of the cyte/ in ſo moche they dyd hym moche good and
honour/ & thus duellyd parys a grete whyle/ alway remembryng in
hys hert the loue of vyenne/ for alleway hys loue encreaced/ And
euery moneth they wrote letters eche to other/ of whyche here is
made noo mencyon/ for it ſhold be ouer longe to reherce/ & torne
we here in to flaunders for the fayte of the maryage of the excellent
vyenne/

NOW ſayth thyſtorye that whan therle of Flaunders had accorded
the maryage with the duc of bourgoyn he made redy hys ſone
and apparaylled hym of companye and of horſes/ and lete it be
knowen to the doulphyn/ that he ſhold make redy al thynge neceſ-

farye/ & that he fhold haftely fende to hym his fone/ whan the doul-
phyn herde thefe tydynges/ that he/ whome he fo moche defyred
fhold come he was moche Ioyous/ and Incontynent dyd doo make
redy many grete & meruayllous feftes/ & duryng the fame dyd doo
make redy hys fone the duc of bourgoyne/ horfes and peple for to
accompanye hym whiche was a fayre thynge to fee/   ⟨ And after
fent hym to therle of flaūders/ whyche receyued hym wyth grete
Ioye & wyth grete honour & fefted hym two dayes/ and delyuerd to
hym hys fone in his companye/ and fente hym to the doulphyn/ &
whan the doulphyn knewe theyr comyng/ he dyd do make redy to
receyue hym/ and whan they were by a day Iourneye nygh vnto
vyenne/ he rode oute wyth moche grete chyualrye/ & receyued them
with moche grete Ioye and playfyr/ & eche made grete fefte to other
whyche were ouer longe to recounte/ Neuertheles tofore that the
doulphyn came to the fone of the[1] duc of bourgoyn/ hee & hys wyf
entred in to the chambre of vyenne to whome the doulphyn fayd/
Fayr doughter it was the playfyr of god that I & your moder were
to gyder vij yere wythoute hauyng ony chylde/ and in the viij yere
our lord comforted vs wyth you/ in whom we haue al our affectyon/
For we haue neyther fone ne doughter but onely you/ ne fuppofe
neuer to haue/ fo we trufte that by you we haue one/ It is trewe
that[2] fo as god wyl and hath ordeyned we wyl affemble you to a
moche honou[ra]ble maryage/ the whiche to vs playfeth moche/ for I
enfure you the doughter of the Kynge of Fraunce hath moche de-
fyred to haue hym/ that ye fhal haue/ for god hath endowed hym
with fo moche good & honour as hert of knyght may haue/ thus to
the playfyr of god/ & of the vyrgyn marye/ we haue made the
maryage of the fone of the duke of bourgoyne & of you/ wherfor we

---

[1] Caxton has *fhe*.   [2] Caxton has *that*.

praye you / that therto ye wyl gyue your good wylle & playſyr/ and
alſo that ye wyl haue the maryage agreable/ Thenne vyenne anſuerd
to hyr fader/ Honourable fader & lord I wote wel that thys that ye
entende is for my wele & prouffyt/ But not wythſtondyng that I be
in age for to marye/ & that in thys maryage I ſhold receyue honour
more than I am worthy/ Neuertheles I ſhal not yet be maryed for
yf we haue not thys man/ yf it playſe god we ſhal haue another as
good or better/ And thynke ye not myn honourable lord/ that I ſay
thys for ony excuſacyon/ but it is ſythen xv dayes that I haue be
euyl dyſpoſed of my perſone/ & the maladye that I haue cauſeth me
to take noo playſyr for to be maryed/ For I haue auowed vnto god
neuer to be maryed to thys man ne to none other/ as longe as I ſhal
be in thys maladye/ ❡ Thenne thought the dolphyn that vyenne
ſayd it for ſhamefaſtnes/ Neuertheles he trauaylled hyr euery day
wyth fayre wordes that ſhe ſhold conſente to thys maryage/ but it
auaylled nothyng all that he dyd/ for the wylle of hir was more in
parys than in ony man of the world/

THenne on the morne the ſone of the duc of bourgoyne/ & the
ſone of the erle of Flaunders entred in to the cyte of vyenne/
wherof the doulphyn had grete Ioye & playſyr/ and thys feſte en-
dured wel fyftene dayes/ that they dyd no thynge/ but daunce/
ſynge/ and dyd other dyuers playſyrs/ and duryng thys feſte the
doulphyn ſayd to the ſone of the duke of bourgoyn to thende that he
ſhold thynke none euyl by cauſe he abode ſo longe or he myght
eſpouſe hys doughter/ ❡ Fayr ſone I praye you & byſeche that ye
take you to playſyr and Ioye/ And gryeue you noo thynge of thys
longe abydyng here/ for certayn my doughter is ſo ſeke/ that vn-
nethe ſhe may ſpeke/ whyche doth to hyr grete deſplayſyr and ſhame/

for fayn fhe wold be out of hyr chambre/ And thenne the fone of
the duc of bourgoyn as he that[1] mente but good fayth/ byleued it
lyghtly/ Neuertheles the doulphyn dyd nothyng nyʒt ne day/ but
admonefted hys doughter one tyme in fayr wordes/ and another tyme
in menaces/ but in no wyfe he coude make hys doughter to confente/
And comaunded that fhe fhold nothyng haue but brede & water and
vyenne abode one day foo in thys manere/ and al thys dyd the doul-
phyn/ to thende that fhe fhold confente to the maryage/ and alwaye
he dyd to hyr more harme & payne/ & vyenne was alwaye more
harde/ and ferther fro hys defyre/ wherof the doulphyn had moche
grete dyfplayfyr/ and not wythoute caufe/ & feyng the Doulphyn
that hys doughter was foo Indurate/ he thought that by fomme good
moyen he wold fende home ageyn the fone of the duc of bourgoyn
for he doubted that yf he abode longe/ that this feat myght be dyf-
couerd/ and he gaf to hym fayr Iewellys/ and after fayd to hym/
Fayre fone I wyl that ye take noo defplayfyr in that I fhal fay to you/
Me femeth wel that at thys tyme this maryage may not goo forth of
you and of my doughter/ for after that I fee/ & as me femethe the
wylle of god is ferther than I wold at thys tyme/ For he wyl not
that the maryage of you and of my doughter take now effecte/ wher-
fore I haue ryght grete defplayfyr in my hert onely for the loue of
you/ Thenne the fone of the duc of bourgoyne feyng that at that
tyme he myght doo noo thyng/ toke leue of the Doulphyn and re-
torned in to his contree by caufe that Vyenne was not in helthe/ and
promyfed that affone as he myght knowe that fhe fhold be hool/ he
wold retorne for to accomplyffhe the mariage lyke as the doulphyn
had promyfed to hym/

---

[1] Caxton has *fhat.*

❡ *How the doulphyn dyd doo enpryfonne vyēne by caufe that fhe wold not confente to the maryage to the fone of the duke of bourgoyne/*

AFter certayn dayes that the fone of the Duke of bourgoyn was departed fro the cyte of vyenne/ the doulphyn for grete def-playfyr that he had dyd do come tofore hym the mayfter Iayler of hys pryfon/ and dyd doo make wythin hys paleys a lytel pryfon derke and obfcure/ and he dyd do put vyenne and yfabeau in to that pryfon/ and commaunded that they fhold haue nothyng to ete but brede and water/ and one damoyfel in whome the dolphyn trufted fhold brynge it to them   And in thys manere vyenne & yfabeau paffyd theyr tyme in grete forowe/ And thynke not that for thys pryfon/ the hert of vyenne wold in ony wyfe confente to the wylle of hyr fader/ but alway encreaced wyth hyr þᵉ wylle toward hir fwete frende Parys/ and wyth fwete wordes fhe comforted yfabeau fayeng/ My dere fufter abaffhe you not for thys derkenes/ for I haue confydence in god/ that ye fhal haue yet moche welthe/ For my fayr fufter/ It is a moche ryghtful thyng that for the good knyʒt parys whyche for me fuffreth fo moche payne/ that I fuffre thys for hym/ and alfo I fay to you that al the paynes of this world be nothyng greuous to me whan I thynke on hys fwete vyfage/ And in thys manere that one comforted that other/ in fpekyng alle day of the valyaunte knyght Parys/

❡ *How the fone of the duc of bourgoyn departed fro hys contreye for to come fee the fayre lady Vyenne/*

WHan the fone of the duc of bourgoyne had abyden longe tyme in hys contree/ On a day he had grete thought of vyenne/

& that was for the grete beaute of hyr/ and it dyſpleſed hym moche
that at hys beyng there he had not ſeen hyr/ and ſo concluded to goo
& ſee hyr/ and it was not longe after that he cam to the dolphyn
and the doulphyn receyued hym moche gladly and with grete honour/
Thenne prayed he the dolphyn that it myght pleſe hym to ſhewe
to hym vyenne alſo ſeke as ſhe was/ For in the world was nothyng
that he ſoo moche defyred to ſee as hyr/ And the doulphyn ſeyng
the wylle & defyre of hym wold noo lenger hyde hys courage/ but
ſayd to hym/ My fayr ſone by the fayth that I owe to god/ I haue
had grete defyre that thys maryage ſhold be made/ but my doughter
for thys preſent tyme wyl take noo huſbond ne be maryed wherfore
I haue grete defplayſyr and that for the loue of you/ & to thende
that ye knowe/ that it holdeth not on me/ I ſwere to you that ſythe
ye departed fro thys toun/ I haue doon hyr to be kepte in a pryſon
derke and obſcure/ and hath eten nothyng but brede and water onely/
and haue ſworn that ſhe ſhal not goo oute of pryſon tyl ſhe ſhal con-
ſente to haue you in maryage/ And thus I praye you that ye take
noo defplayſyr/ yf at thys tyme ye ſee hyr not/ for ye may not faylle
to haue grete maryage/ in caas that this faylle you and thenne he
anſuerd/ honourable ſyr I praye you moche hertely/ ſyth that it is ſo/
that er I retorne I may ſpeke to hyr/ and I ſhal praye hyr as moche
as I ſhal mowe/ and ſhal ſee yf by ony manere I may conuerte hyr
fro hyr wylle/ thenne ſayd the doulphyn he was contente/

Thenne he ſente to his doughter clothyng and veſtymentes for to
clothe hyr/ and alſo mete for to ete/ For in two monethes ſhe had
eten but brede and water/ wherof ſhe was moche feble/ and that
ſhewed wel in her vyſage/ & thus he dyd by cauſe ſhe ſhold conſente
to the maryage/ And thenne it was concluded/ that the ſone of the
duc of bourgoyn ſhold come ſee hyr & ſpeke with hyr/ and thenne

whan Vyenne fawe thys and had receyued all & knewe that the fone
of the duc of bourgoyn fhuld come & fpeke wyth hyr fhe faid to
yfabeau hir damoyfel/ fayr fufter beholde how my fader & moder
wene by thefe veftymentes & thys henne that I fhold ete to deceyue
me and put me fro my purpoos/ but god forbede that I fhold do fo/
& thenne fhe took the henne/ & fayd to hyr that brought it/ fyth it
playfeth to the fone of the duke to come & fpeke to me/ fay ye to
hym that he may not come thefe iij dayes/ & whan he cometh that
he brynge with hym the byffhop of Saynt laurens/ She that had
brought to hyr the henne fayd alle thys vnto the doulphyn and to
dame dyane hir moder/   ❧ Thenne vyenne took the two quarters of
the henne and put them vnder hyr arme hooles/ and helde them there
fo longe/ that they ftonken moche ftrongely/   ❧ And whan it came
to the thyrd day/ the byffhop of Saynt Laurence and the fone of the
Duke of Bourgoyne camen for to fee vyenne/ and or they entred they
opened a treylle whyche gaf lyght in to the pryfon/

❧ Thenne whan the fone of the duc fawe Vyenne in the pryfon he
fayd to hir by grete pyte that he had/ Noble vyenne how wyl ye
deye thus for hungre foo folyly by your owne defaulte/   ❧ And
knowe ye not wel that your fader hath gyuen you to me to haue to
my wyf/ wherfore I lyue in grete payne/ and in moche grete forowe
for the dureffe of your courage/ wherof ye doo ryght grete fynne/
And doubte ye not that god punyffheth you for thynobedyence that
ye doo to your fader and to your moder/ wherfore I praye you fayre
Vyenne to telle to me for what caufe ye wyl not haue me in maryage
to your hufbond/ Doubte ye that whan ye fhall be wyth me/ that
ye may not ferue god as wel as ye now do that fuffre thys payne/ I
promyfe you by my fayth þᵗ ye fhal haue playfaunces and lybertees
in al the maners that ye fhal conne demaunde/ Thenne I praye you

that ye wyl not here deye ſo dolorouſly/ and yf ye wyl not doo it for
the loue of me/ yet at the leſte do it for the loue of your fader and of
your moder whyche lyue for you in grete ſorowe and in grete heuy-
neſſe/ wherfore ye ought to haue pyte on them/

WHan Vyenne had herde theſe wordes ſhe was quaſi abaſſhed
and ſayd ſyr ſauyng your honour I am maryed/ how be it ye
knowe hym not whome I haue in myn hert/ And alſo I knowe and
graunte ryght wel that ye be worthy to haue one moche gretter and
more hye a lady than I am/ and I late you wete that for hym that I
deſyre I ſhold ſuffre more payne than I fele/ And therfore I praye
you that fro hens forth ye ſpeke to me no more of thys mater/ And
alſo I am ſo euyl dyſpoſed in my perſone that yf it endure in me/ my
lyf ſhal not be longe/ and yf it were honeſte I ſhold ſhewe it you and
than ſhold ye ſee how it ſtondeth wyth me/ Neuertheles approche ye
ner to me/ & ye ſhall the better byleue me/ And the ſone of the
duke of bourgoyne & the byſſhop of ſaynt laurence approuched vnto
vyenne/ fro whom yſſued ſoo grete a ſtenche/ that vnnethe they myght
ſuffre and endure it/ whiche ſauour came fro vnder hyr arme holes of
the two quarters of the henne/ whiche were roten/ And whan vyenne
ſawe that they had felte ynough of the ſtenche ſhe ſayd to them/
lordes ye may now knowe ynough in what aduenture I am dyſpoſed/
Thenne they took leue hauyng grete compaſſyon on hyr/ And they
ſayd to the dolphyn that vyenne was thēne half roten and that ſhe
ſtanke/ and demed in them ſelf that ſhe myght not lyue longe/ and
that it ſhold be grete damage of hyr deth for the ſouerayn beaute
that was in hyr/ And Incontynent the ſone of the duc of bourgoyn
took hys leue of the doulphyn/ and retorned in to hys contrey/ and

K

recounted to hys fader the lyf of vyenne/ wherof alle they that herde
hym had grete pyte in theyr herte/

WHan the doulphyn fawe that the maryage was broken/ by
the deffaulte of his doughter Vyēne/ he fware that fhe fhold
neuer departe fro thens/ but yf fhe wold confente to hys wylle/
And fo fhe abode longe tyme in that pryfon where fhe had grete
thought and forowe for hyr fwete and trewe frende parys/ & hyr
defyre was on noo thyng but for to here tydynges of parys hyr loue/
But in the eftate that fhe was in/ no man myght brynge hyr tyd-
ynges/ And Edward the felowe of Parys feyng that Vyenne abode
in foo grete payne/ and that none durft fpeke to hyr/ he had in his
herte grete forowe/ & was moche moeued of grete pyte/ and alfo
for the grete loue that he had to parys/ And concluded to
make a chapel in the chyrche that touched the palays of the dol-
phyn and in a corner he dyd do dygge fo depe that it was nyghe
to the foundement of the pryfon/ wherein vyenne was/ and by
caufe he wold not haue the thyng dyfclofed/ he wold that they
fhold dygge no ferther/ and whan the chapel was achyeued and fyn-
yffhed/ Edward alle allone dygged hym felf fo ferre/ that he made
an hole/ by whyche he fpake to vyenne whan he wold whyche caue
was made fo fecretly that no man my3t apperceyue it/ Soo it happed
on a day Edward byhelde vyēne thurgh this hole/ & falewed hyr/ &
thenne whan vyenne herd hym & knewe hym/ fhe had fo grete Ioye
& confolacyon/ that fhe femed that fhe was ryfen fro deth to lyf/ &
the fyrft tydynges that Vyenne demaunded of hym were yf he knewe
ony tydynges of parys & edward tolde to hir that it was not longe
fyth/ that he had receyued a letter fro hym/ wryton at genes/ Thenne
faid vyēne al wepyng to hym/ alas whan fhal þᵉ day come that I fhal

fee hym/ & that dooñ I wold be cõtente that god fhold do his wylle of me/ for none other thyng I defyre in this world/ Alas fayr brother what femeth you of my lyf & of this fayr chambre in whyche I dwelle in/ certeynly I byleue veryly/ that yf parys knewe it/ þᵗ for his loue I fuffre thus moche forowe/ that the hert of hym fhold fwelte for forowe/ and after fhe tolde to Edward the parlament that fhe had with the fone of the duc of bourgoyne/ & alfo of the henne/ & prayed hym þᵗ he wold fende worde of al thys to parys & that fhe recommaunded hyr to hym/ & alfo that fhe had none other hope in thys world but in hym/ Edward brought to hyr euery day fro thēne forthon mete & drynke/ & al that was necefarye to hyr/ for hyr lyf/ & comforted hyr with fayr wordes the beft wyfe he myght/ & Edward wrote al playnly to parys/ how for hungre fhe fhold haue been dede/ ne had he ben/ whyche dayly pourueyed for hyr al that was to hym necefarye/ and he wrote to hym alle the manere that Vyenne had holden wyth the fone of the Duke of Bourgoyne And that thys fayre lady Vyenne defyred noo thynge in this world but for to fee hym onely And alfo that fhe prayed hym that he fhold not departe oute of the contree that he was in/

WHan the noble Parys had receyued the letter fro Edward and knewe that vyenne abode in pryfon/ it is no nede to de-maunde yf he had grete defp[l]ayfyr/ & almooft was in fuche caas/ as to lefe his wytte for forowe/ And on that other parte he had grete drede that fhe fhold be maryed in efchewyng of the grete harme & payne that fhe fuffred/ and herein he was penfyf nyght and day/ fayeng to hym felf/ I fee wel that I may not efcape but that vyenne muft nedes be maryed/ and by that moyen hyr loue and myn fhal faylle/ Alas now fee I wel that now me byhoueth noo hoope ne trufte/

Alas caytyf and vnhappy what fhal byfalle of me/ I fhal goo fo
ferre that fro hyr I may neuer here tydynges/ ne alfo fhe fro me/
and after this he bygan ageyn hys complaynte fayeng/ O veray god
of heuen wherfore haft thou not doon to me foo moche grace/ that in
the ftede of hyr I myght fuffre the payne that fhe fuffreth for me/
❡ O cruel fortune ful of cruel tormente/ and what hath vyēne doon
or made that fhe muft fuffre fo greuous penaunce/ Alas were it not
more reafon/ Iuftyce and caufe that I whyche haue doon alle thys
euyl bere the punycyon/ certes yes/

❡ *How Parys fente a letter to Edward hys felowe/*

AFter that he had made hys cōplaynte/ he wrote a letter vnto
Edward/ doyng hym to wyte how he had fouerayn forowe for
vyēne whiche was in pryfon/ and he thanked hym of the goodnes and
dylygence that he had doon toward hyr/ in prayeng hym that he
neuer wold faylle hyr/ but contynuelly ayde and helpe hyr/ ❡ And
after he wrote to hym how for veray dyfplayfyr and melancolye he
wold goo in to fomme ftraunge contreye/ And that fro than forthon
he fhold fende to hym noo moo letters/ And that he neuer retche for
to here moo tydynges fro hym/ nomore than of a deed perfone/
❡ Thenne whan Edward had receyued thefe letters fro Paris and
knewe that he wold eftraunge hym fro that contree of genes/ and
wold goo in to a ftrange contreye he was moche wroth and fore
agryeued/

❡ And thenne Incontynent parys[1] wente and tolde it to the fader
and moder of Parys/ wherof they toke fo grete forowe that they fup-
pofed to haue lofte theyr wytte/ And after edward wente and tolde

---

[1] Query *Edward.*

it alfo ro vyenne/ wherof it nedeth not to demaunde the grete forowe
that fhe had/ for it was fo grete and ouermoche/ that yf edward had
not comforted hyr/ fhe had been dede/ And thenne fhe complayned
to yfabeau fayeng that fythen fhe neuer entended to here tydynges of
hyr loue Parys fhe was ryght wel contente to deye and that fhe wold
neuer more haue playfyr of no thynge that was in thys world/ and
that thenne fhe wold that fhe were dede/ And yfabeau comforted
hyr alwaye

⁋ *How parys wente to fhyppe at venyfe/ for to goo to the holy
fepulcre in Iherufalem/*

After that paris had fent the letter to Edward Incontynent he
departed fro genes wyth hys feruaunte/ and wente to venyfe
where he took fhyppyng/ and faylled fo ferre that he cam to alexan-
drye/ where he abode a fpace of tyme/ & after in that contrey he
enformed hym & lerned the waye to the moūte of caluarye and of
Iherufalem/ and how he myght paffe furely/ And afterward Parys
concluded to goo in to that contrey a pylgrymage/ but tofore or he
took hys waye/ he lerned for to fpeke the langage of moores/ And
whan Parys coude wel fpeke mouryfke/ he and his varlet took the
waye toward ynde/ Ande fo ferre laboured by theyr Iourneyes/ that
they arryued in the londe of prefter Iohan/ In whyche he dwelled a
longe tyme   And in that whyle hys berde grewe longe/ and after he
took the habyte of a more/ and alfo lerned alle the cuftommes and
maners of the contree/ And he had alle waye fafte byleue in our
lord Ihefu Cryfte/ and in the gloryous vyrgyn marye hys fwete
moder/ And thus abydyng in thys maner he had grete wylle to goo
to Iherufalem to the holy fepulture/ for to fee the holy fayntuaryes/
& for taccomplyffhe the holy pylgremage, Thēne whan he was in

Iherufalem/ he fette al his courage in deuocyon/ & bycam fo deuoute that it was meruaylle/ and prayed contynuelly our lord that by the meryte of his paffyon he wold gyue to hym faluacyon of hys foule/ & confolacyon for his body & alfo for fayr vyenne/ & after he departed fro thens and wente in to Egypte/ and arryued in the contree of the foudan/ & hys money bygan to faylle/ & hyred hym a litel hous wherin he dwellyd moche heuy and forouful for hys Infortune/ And alfo he had grete defplayfyr whan he fawe other tryumphe and wexe lordes/ Now it happed on a day that parys wente to playe and dyfporte hym out of the toun in the feldes/ and there mette with the faulconners of the foudan/ whyche came fro hawkyng/ and emonge them was one fawcon moche feke/ and that fawcon the fowdan loued befte of alle the other/ Thenne demaunded Parys of the fawconner what fekeneffe the fawcon had/ And the fawconner fayd to hym that he wyft not/ Thenne fayd paris truly yf he contynue in the maladye that he hath he fhall not lyue thre dayes/ but yf ye doo that I fhal fay to you/ and yf he be not hole therwyth he fhal neuer be hole/ Thenne fayd þᵉ fawlconner to hym/ I praye you that ye wyl telle me what I fhal do for I enfure you faythfully/ that yf ye may make hym hole/ it fhal mowe auaylle you and me alfo and that I promyfe you/ for the fouldan had leuer lofe the befte cyte that he hath than this fawcon/ Thenne Parys wente and fought certayn herbes/ and gaf them to the fawlconner and bad hym to bynde them to the feet of the fawcon/ and fo he dyd/ and fone after the fawlcon amended and becam as hole as euer he had be tofore/ wherof þᵉ fouldan was moche Ioyous/ and for loue of thys faulcon/ the fouldan made the fawlconner a grete ferd[1] in hys courte/ Thenne the faulconner feyng that by the moyen

---

[1] Query *lord.*

of parys he had goten thys lordſhyp/ he dyd to hym moche playſyr/
& ſhewed to hym as grete amytye and frendſhyp as he[1] had ben hys
brother/ & brought hym in the grace of the ſouldan/ and was re-
ceyued in to hys courte/ & the ſouldan loued hym ſoo wel/ that he
gaf to hym grete offyce/ and mayntened hym in grete honour/ ye
ſhal vnderſtonde that in thys tyme regned a moche holy pope/ the
whych was named Innocent/ and was a moche holy perſone & de-
uoute/ And it pleſed ſoo hym that he gaf oute a croyſee/ ayenſt the
fals myſcreauntes & hethen men/ to the ende that the name of our lord
Iheſu cryſt were more ſayntefyed and enhaunced thurgh out al cryſ-
tyente/ And therfore was maad a grete counceyl emonge the car-
dynals and prelates/ & was concluded by theyr parlament that thys
croyſee ſhold be wryton to the kyng of fraunce/ and to other kynges
cryſten/ dukes/ Erles and other grete lordes/ and ſo was it doon/

⁋ *How the doulphyn came toward the kyng of Fraunce/*

WHan the kyng of france had receyued the letters fro the
pope/ Incontynēt he ſente for the doulphyn of vyennoys/ that
he ſhold come and ſpeke wyth hym/ the whiche Incontynent came at
his commaundement/ Thenne the kynge ſayd to hym/ Syr Godefroy/
we haue made you to come hyther/ for ye be one of þᵉ mooſt wyſeſt of
our courte/ & alſo ye be of our lygnage/ And we late you wete that
our holy fader the pope hath wryton to vs that he hath yeuen a
croyſee ayenſt the meſcreaūtes wherfore we for the loue and reuerence
of god entēde for to goo thyder/ Neuertheles we haue aduyſed/ that
ye ſhold goo fyrſt in to thoo partyes/ & we praye you for the loue

---

[1] Caxton has *be.*

and reuerence of god that ye take on you the charge for to efpye the contrees and alfo the paffages/ Thenne the doulphyn fayd/ I am redy & apparaylled to do your comaundement wyth good wylle/ But how fhal I mowe doo it for to paffe furely emonge the hethen peple/ For yf they apperceyue in ony wyfe that I goo for to efpye theyr contree/ I fhal not conne efcape/ but that I muft deye by cruel deth yf god kepe me not/ Thenne fayd the kyng ye may goo and your companye furely clothed in habyte of pylgryms/ for ye knowe wel that thys is not the fyrft tyme/ that many cryften men haue been in the holy londe/ wherfor I praye you yet eft ones that in þᵉ name of Ihefu cryft that ye make you redy for to goo thyder/ and take wyth you of our knyghtes as meny as it fhal playfe you/

℃ Thenne the doulphyn feyng the wylle of the kyng/ and that Incontynent he muft departe/ he fente letters to hys wyf/ that he wold goo in to the holy londe to feche the holy fayntuaryes & pylgrymages/ and prayed hyr that fhe moche wyfely fhold gouerne hys londe/ & that vyenne hys doughter fhold not efcape oute of pryfon tyl he retourned for in fhorte tyme he wold come ageyn/

℃ *How the Doulphyn took hys fhyppyng for to goo in to Iherufalem/*

AFter that the doulphyn had taken hys fhyppe/ & paffed in to Surrye and damafke/ to Iherufalem and in many other places/ & had aduyfed and efpyed moche wyfely and wel alle the contree/ And enquyred of the cryften men that dwellyd there many thynges/ without dyfcoueryng his wylle and entente/ Neuertheles fomme euyl cryften men for to gete money tolde it vnto the fouldan of babylone/ ℃ Thenne whan the fouldan knewe it/ he maad noo femblaunte/ but Incontynent he made all the paffages to be kept where as the pyl-

gryms went by in fuche manere as the doulphyn was taken & alle
hys companye wyth hym in a place called Ramon not ferre fro Iheru-
falem/ whyche was brought tofore the fouldan/ and he ordeyned that
the doulphyn fhold be tormented and pyned/ The doulphyn feyng
hym felf in fuche a poynte fayd that they fhold not tormente hym/
and he wold fay to them the trouthe/ & thus he recounted to the
fouldan how the Pope had gyuen oute a croyfee ayenft them/ & how
he was comen to efpye the contreye/ whan the fouldan fawe thys/ he
fayd that he wold aduyfe hym of what deth he wold do hym to deth/
in maner that al other fhold take enfaumple/ And commaunded that
anone he fhold be ledde in to alyfandrye/ & there to be put in to an
harde pryfon/ and alfo that none fhold gyue to hym but brede and
water/ Thenne the doulphyn was brought in to Alyfandrye/ & was
put in to an hard and ftronge toure/ & there he fuffred a myferable
lyf/ and had kepars that kept hym ny3t and day/ Thus was the doul-
phyn in grete forowe/ thynkyng neuer to yffue out of þᵗ pryfon but
dede/ Neuertheles the Pope and the kyng of Fraunce dyd ofte tymes
grete payne to haue hym out by fynaunces/ but they myght not haue
hym/ ⸿ For the fouldan fayd that he fhold do on hym fuche puny-
cyon/ that al other fhold take enfaumple/ Now late vs leue to fpeke
of the doulphyn/ and retorne we to Parys that knewe no thynge of
thefe tydynges

Now recounteth thyftorye that parys was in babylone lyke as ye
haue tofore herde/ whyche knewe noo thynge of thys fayte/
So it happed that by aduenture ij freres relygyous fought thyndul-
gences of the holy lande & aryueden in babylone/ where they wold
fee the feygnorye & the puyffaunce of the fowdan/ For thenne the
fowdan helde hym in Babylone wyth moche grete puyffaunce/ Thefe

two freres were of thefe partyes/ whyche beyng in tho partyes it
happed as they wente in the towne parys fonde them/ Thenne parys
falewed them & demaunded of thefe partyes and fayd to them in
thys manere/ After that I haue herde fay emonge you cryften men
ye haue a Pope/ the whyche is moche ftronge & puyffaunt/ And
alfo ye haue many kynges/ & grete lordes/ & fo grete townes cytees
and caftellys/ that I haue merueyll how ye fuffre that we that be not
of your lawe haue the feygnorye of the holy lande whiche ought to
apperteyne to you as ye fay/ And whan the freres had herde Parys
thus fpeke/ they were fore aferde/ And one of them anfuerd in the
langage of moure/ For they wyft none other but parys was a moure/
& fo dyd al they of the contrey/ & he fayd to hym/ Syr I byleue wel
that ye haue herd fay/ that in our partyes been affembled grete compa-
nyes of peple & men of warre for to come in to thyfe partyes/ by caufe
that our holy fader the Pope/ hath graunted oute a croyfee/ and in
the tyme whyles our men of warre affembled/ the kynge of fraunce
whiche is the gretteft of cryftyente/ fente a noble baron whyche is
named the doulphyn of vyennoys for to vyfyte and efpye thefe
partyes/ Thenne he beyng in thefe partyes/ the fouldan fette men in
fuche places where as the pylgryms were accuftomed to paffe/ And
fodeynly he dyd do take hym in a cyte named Ramon/ and after
fente hym in to Alyfandrye/ and there fette hym in an euyl pryfon/
wherein I fuppofe that he be dede/ and thus for thys caufe/ the fayt
was dyfcouerd/ Thenne fayd Parys how is that lord named/ Thenne
fayd the frere/ he is named godefroy of Allaunfon doulphyn of
vyennoys/ And whan parys herde thys he was moche abaffhed/ but
he made noo femblaunter/ And thought in hys hert/ that hys ad-
uenture myght yet come to good and effecte/ Thenne he demaunded
them of many thynges/ and fayd to them/ that he wold more fpeke

to them another tyme/ and demaunded them where they were lodged/ and they tolde hym more for drede than for loue/ for they thought he wold haue doon to them fomme harme/

WHan Parys was departed fro the freres/ he was moche penfyf how and in what maner he myght goo in to Alexandrye for to fee the doulphyn/ & how he myght gete hym oute of pryfon/ and fo moche he thought on his fayte/ that he purpofed to goo to the hoftry where the freres were lodged/ and foo wente thyder/ & whan the freres fawe hym/ they were fore aferde Thenne parys took them by the handes/ and ladde them to folace thurgh þᵉ cyte fpekyng of many thynges alwaye in the langage of moure/ & fayd to them/ I haue grete defyre to fee that cryften knyght whiche is in alexandrye For I haue alwaye had good wylle to the cryften men/ peraduenture I myght yet wel helpe hym/ & yf ye wyl come with me I promyfe you by my lawe/ that I fhal make you good chere/ & doubte ye nothyng/ and thenne whan the freres herde hym thus fpeke they wyft not what to anfuer/ they had fo grete fere/ Neuertheles they truftyng in the mercy of god/ they promyfed hym/ that they fhold goo wyth hym/ though they fhold deye/ & prayden god in theyr courage that he wold graunte grace that he myght come oute of pryfon/ Thenne Parys had grete playfyr of the anfuer of the freres & wende neuer to fee þᵉ houre/ that he myght be wyth the doulphyn for to fee the ende of his aduenture/ and fo departed fro the freres/ and wente ftrayte to the faulconner of the fouldan wyth whom he had grete knowleche/ & fayd to hym/ Seynour I thanke you of the grete honour/ curtofye & gentylnes that ye haue do to me/ & playfe it you to wyte that I wyl departe fro hens in to alyfandrye/ and I pro-myfe to you that for your loue I fhall not tarye longe/ but that I

ſhal retorne hyther ageyn/ And by cauſe I am there vnknowen/ and
that I neuer was there/ I praye you ryght humbly/ that I myȝt haue
a maundement of the ſouldan/ that he commaunde to the gouernours
that I may goo thorugh alle hys londe ſurely/ For ye knowe wel that
one may not kepe hym ouer wel fro euyl peple/ Therfore I praye
you and requyre that ye wyl gete me ſuche a maundement/ and alſo
that ye wyl commaunde me humbly to the good grace of my lord
the ſouldan/ and forthwyth the faulconner wente to the ſouldan
and made hys requeſte for Parys/ & Incontynent the ſouldan
graunted hym al hys deſyre/ ſayeng that it moche deſplayſed hym/
of the departyng of parys & yf he wold abyde & dwelle in hys
courte he wold make hym a grete lord/ Thenne the faulconner ſayd/
Dere ſyr he hath promyſed me/ that in ſhort tyme he ſhal retorne/
Thenne the ſouldan dyd do make the maundement lyke as he wold
deuyſe/ chargyng al his lordes offycers & ſubgettes of townes cytees
& caſtellys of his londe that they ſhold do to hym grete honour/
& that they ſhold gyue & delyuer to hym al that ſhold be
neceſſarye to hym wythout takyng ony money or ony other thynge
of hym/ And alſo the ſouldan gaf to Parys many ryche clothes
& veſtymentes of cloth of gold and of ſylke/ and alſo he gaf to
hym grete treſour/ prayeng hym that he ſhold not longe tarye/
but haſtely retorne ageyn/ & promyſed hym that he ſhold make hym
a grete lord/ and delyuerd hys maundement/ the whyche was ſealed
wyth the propre ſeale of the ſouldan/ and ſygned wyth hys owne
hande

WHan Parys had receyued alle theſe thynges that the ſouldan
had gyuen to hym/ he took leue of hym and of hys courte
& went with the freres in to Alexandrye/ Incontynent after he was

comen he fhewed the maundement to the admyral/ the whyche anon
after he had feen it dyd grete honour to Parys/ and delyuerd to hym
a fayr lodgyng pourueyed of al thynges neceffarye/ and delyuerd
another to the freres/ Thadmyral came euery day to fee parys in hys
lodgyng for to do hym honour and companye/ and wente & rode to
gyder thorugh the cyte/ and by caufe that Parys was rychely clad/
euery man made to hym grete honour and fayd that he femed wel to
be the fone of fóme grete moure   And on a day as they rode in the
cyte they paffed forth by the toure where as the dolphyn was in
pryfon/ ⓒ Thenne Parys demaunded of the admyral what toure it
was that was fo fayre/ Thenne he tolde to hym þᵗ it was a moche
cruel pryfon & terryble   In whyche the fouldan helde a pryfonner a
grete lord & baron of the thefte¹/ whyche was comen for tefpye thefe
contreyes/ Thêne fayd parys I praye you late vs goo fee hym/ & the
admyral fayd he fhold gladly/ Thenne they alyghted fro their horfes/
& entred in to the pryfon/ and whan parys fawe the doulphyn/ he
had in hys hert grete defplayfyr/ by caufe of the myferable & forouful
lyf that he fuffred/ & Parys demãded of þᵉ kepars what man he
was/ And they fayd/ that he was a grete baron of Fraunce/ Thenne
fayd parys/ vnderftondeth he mouryffhe/ and they fayd nay/ but
that notwythftondyng yf he wold fpeke to hym/ that they fhold
fynde tourchemen ynough/ Thenne fayd Parys he wold retorne
another day for to demaunde of hym of the partyes of the wefte/
& prayed thadmyral to gyue comandement to the kepars/ that as
ofte as he fhold come/ that they fhold fhewe hym to hym/ &
Incontynent he comanded lyke as parys had defyred/ & thenne they
departed/ & a fewe dayes after parys retorned and came to the pryfon

---

¹ Query *wefte.*

and brought one of the freres wyth hym that coude fpeke mouryfke/ & whan they were wythin the pryfon/ paris fayd to the frere that he fhold falewe hym curtoyfly/ Neuertheles the frere knewe noo thynge that parys coude fpeke frenffhe/ Thenne the frere fayd to the doulphyn/ that that lord was come for to vyfyte hym/ & that he loued wel cryften men/ & that he was wel in the grace of the fouldan/ and that he trufted ys moche in hym as in ony man of hys contreye/ & thus the frere demaunded many thynges of the doulphyn in the name of parys/ and fayd yf he myght doo for hym he wold gladly

WHan the doulphyn herde the relygious frere thus fpeke in the perfone of the moure/ he was moche abaffhed in hys courage/ byfechyng our lord that he wold put hym in fuche courage & good wylle for to brynge hym out of pryfon   Parys defyred to here tydynges of the fayr vyenne fayd to the frere/ that he fhold afke of the doulphyn yf he had ony wyf or chyldren/ Thenne the dolphyn began to wepe/ & faid that he had a wyf/ & a doughter holden for the fayreft of Fraunce/ whom he helde in pryfon bycaufe fhe wold take noo hufbond/ Thenne paris began to comforte hym by the mouthe of the frere/ fayeng that he fhold take alle in pacyence/ & god fhold yet ones delyuer hym oute of pryfon/ by whyche wordes the doulphyn was fo reioyced & Ioyous/ that hym femed that god had appyered to hym/ & the doulphyn fayd to the frere that it was grete pyte that the moure was not cryften/ & prayed our lord that he wold gyue to hym puyffaunce to kepe hym in that good wylle that he had & fo departed that one fro that other moche comforted/ Thenne parys fayd to the kepars that he had founde fo grete playfyr in the pryfonner/ that he wold ofte tymes come for to dyfporte hym and they fayd whan it playfed hym he fhold retorne & be welcome/

and thenne parys fayd to the freres that were in þᵗ place yf I thought
to be fure of you/ I thynke wel to fynde the moyen to brynge thys
pryfonner out of pryfon/ & the freres were moche admerueylled of
thys whiche parys had fayd to them/ and they fayd to hym/ by
the fayth that we owe to our god/ that of vs ye nede not to doubte/
& in caas that ye be in wylle late vs affaye but it muft be doon
fecretely/ for ye fee wel how many kepars been there contynuelly/
Thenne fayd Parys I fhal gyue to you good counceyl and remedye of
alle thys/ but I wyl haue two thynges/ The fyrft thynge is I wyl
that ye goo wyth me/ That other is that he fhal gyue to me my
lyuyng honourably in hys contre/ for I am in grete doubte whan I
haue delyuerd hym/ and fhal be in hys contreye that he wyl fette
nought by me/ and I can noo meftyer ne crafte/ and foo I myght be
wel deceyued/ Therfore yf he wyl affure me/ & that he wyl gyue to
me a yefte fuche as I fhal demaunde hym whan I fhal be in hys con-
treye/ I fhal delyuer hym & fhal leue my contree for loue of hym/
& ye may fee in what eftate I am/

ON the morne Parys and the freres came in to the pryfon & the
frere recounted al thys to the doulphyn/ & whan the doul-
phyn vnderftood thys/ hym thought that god bare hym awaye/ &
fayd/ I thanke god & thys moure of the good wylle that he hath
toward me/ For I neuer dyd hym feruyce ne playfyr wherfore he
ought to do fo moche for me/ Neuertheles I hope that is the playfyr
of god that he fhal delyuer me oute of pryfon/ I am redy to fwere
vpon the body of Ihefu Cryft or I euer departe from hens/ that
affone as I fhal be in myn owne lande I fhal mayntene hym in more
gretter eftate/ than he ne is here and I wyl that he doo alle hys wylle
of al my londe/ for it fhal fuffyfe to me onely that I haue a lyuyng

for me and my wyf/ and I fhal do al that he wylle/ and fo fay ye to
hym on my behalue/ And thenne the frere tolde al to parys that
whych the doulphyn had fayd and promyfed to do/ and to thende
that parys fhold be more fure/ he fayd to the frere that he fhold
brynge tofore hym the body of our lord Ihefu cryft/ and that tofore
hym he fhold fwere to holde alle that he promyfed/ and the frere
tolde it to Parys/ and the doulphyn fware it tofore Parys to accom-
plyffhe alle that he had promyfed And whan he had fworne/ to the
ende that Parys fhold be the better contente/ the doulphyn receyued
the precyous body of our lord Ihefu Cryft/ fayeng that it fhold be to
the dampnacyon of hys foule/ in caas that he accomplyffhed not al
that he had promyfed whan they fhold be in his londe/ and whan
thys was doo parys and the freres departed fro the doulphyn/ and
wente to the porte/ for to wyte yf there were ony fufte that wold
come hytherward/ and by aduenture they fonde a fufte/ and Parys
wyth the freres fpake to the patrone/ and promyfed hym a M befaunts
of gold yf they wold lete haue paffage fyue perfones/ The Patron
feyng the grete trefour/ fayd to them that he was contente/ but he
wold haue half at the porte/ and fayd to them/ lordes I praye you
make you redy/ For in caas that the moures of thys londe fonde
vs we fhold be al dede ¶/ Thenne fayd Parys make your felf al
redy/ for thys nyght at mydnyght I fhal come/ And after thys
Parys retorned to hys lodgyng & dyd do make redy moche vytayll
and the beft wynes that he coude gete & he with the freres maad
prouyfyon of alle other thynges and mantellys and towellys/

WHan al was redy parys wente to the kepars of the pryfon and
fayd/ I thanke you many tymes of the playfyrs that ye haue
doon to me/ I wyl now departe fro hens for to retorne to my lord

the fouldan/ but for your loue I wyl foupe wyth you thys nyght and
praye yow that we may foupe to gyder/ & they anfuerd that it wel
pleafed them for his loue   Thenne Parys fente for the vytayll & for
the wyn/ and after it was come/ they fouped to gyder/ And the
kepars which had not been accuftomed to drynke wyn/ dranke fo
moche that they alle were dronke/ & Incontynent leyed them doun
to flepe/ & flepte fo fafte/ that for noo thyng they coude not awake
them/ & whan parys fawe that/ he fayd to the freres/ that they fhold
vnfeter the doulphyn/ & that they fhold opene the yates of the
pryfon/ & yf ony of the kepars awake I fhal flee hym/ Thenne the
freres began to vnfetere the doulphyn wyth grete drede/ prayeng god
to be theyr ayde and helpe/ And whan the doulphyn was loos he
cladde hym lyke a moure   After Parys flewe alle the kepars one
after another by caufe yf they awoke they fhold not come after them/

THys doon/ the doulphyn wyth parys and his varlet/ and the
two freres camen to the porte/ and haftely entred in to the
fufte which was al redy/ and wonde vp theyr faylle/ and by the helpe
of god began fo faft to faylle that wythin fewe dayes they arryueden
in a place that thenne was cryften and there the doulphyn wente a
londe by caufe he was moche greued and annoyed as wel of the fee/ as
for the harme that he had fuffred in pryfon/ and there borowed
money/ and fro thens came in to cypres/ where was a kyng whyche
had dwellyd in the courte of the kyng of fraunce   The whiche as
fone as he knewe that the doulphyn of vyennoys was come/ he went
to mete hym and prayed hym that he wold come and lodge in hys
paleys/ And the doulphyn wente thyder/ wherof the kyng had grete
Ioye/ & there he made hym grete chyere/ for many tymes they had
feen eche other in þᵉ kynges court of Fraunce/ and after the kyng

M

demaunded hym of his aduenture,' & the doulphyn recounted it to
hym al alonge ' and bycaufe of the comyng of the doulphyn he made
moche grete fefte/ and receyued hym moche hyely/ and made hym to
foiourne there as longe as it playfed hym/ And whan the doulphyn
had foiourned there at his playfyr/ he took leue of the kyng and of
al hys courte/ thankyng hym moche of the grete playfyr þ' he had
doon to hym/ The kyng feyng that the doulphyn wold departe/ he
gaf to hym grete yeftes/ and dyd do arme two galleyes whyche
accompanyed hym/ and brought hym vpon the fee/ and had foo
good wynde that in fewe dayes after they brought hym in to aygues
mortes/

WHan the doulphyn was arryued/ the knyghtes of the doul-
phyne herde it anone/ and forthwyth maad them redy &
went to horfback & mette wyth hym at aygues mortes/ & there
receyued hym in grete honour/ & fo came forth the ryȝt waye to
vyenne/ and for Ioye of hys comyng/ al they of the cyte made a
moche noble and meruayllous fefte/ whyche endured wel fyftene
dayes/ & the playfyr & Ioye was fo grete emonge them by caufe they
had recouuerd theyr lord/ that noo man fhold and coude haue thought
it/ Parys in alle this wyfe neuer chaunged hys vefture ne clothyng
but contynuelly wente to maffe/ and by the commaundement of the
doulphyn the people dyd hym grete reuerence & honour/ fo moche
that parys was afhamed therof/ and fpake noo thynge but mouryfke/
And he had a grete berde/ and made to noo perfone of the world ony
knowleche/ and after a whyle of tyme/ the doulphyn for taccomplyffhe
that he had promyfed to parys by the frere/ dyd do fay to parys and
do demaunde yf he wold haue the feygnourye of hys londe and
contree/ For he was al redy for taccomplyffhe that/ whyche he had

promyſed/ And Parys made to hym anſuer/ that he ſhold kepe ſtylle
hys londe/ Thenne the doulphyn dyd do demaūde hym yf he wold
haue hys doughter vyenne/ and parys made the frere to ſay ye/ for
that pleaſed hym wel/ And thenne they wente to hyr/

❧ Thenne whan they were tofore Vyenne the frere ſpake firſt
Madame ye knowe wel that my lord your fader hath ben a grete whyle
in pryſon/ and yet ſhold haue been/ ne had haue been/ thys moure/
whyche hath ſaued hym/ puttyng hys perſone in ryght grete peryl
and daunger for the loue of my lord your fader/ And thus ye may
wel knowe how moche he is holden to hym/ & by cauſe herof your
fader is ſubget to hym euer/ wherfore your fader prayeth you that
vpon al the playſyr that ye wyl doo for hym/ that ye wyll take hym
for your huſbond/ And he ſhal pardonne all the deſplayſyr that euer
ye dyd to hym/ whan the frere had fynyſſhed his wordes/ vyenne
anſuerd to hym ſayeng/ The byſſhop of ſaynt laurence knoweth wel
that is here preſent that it is longe ſyth that yf I wold haue be maryed/
I myght haue ben maryed wyth more honour vnto my fader/ than
vnto this moure/ for the ſone of the duc of borgoyne had eſpouſed
me yf I wold haue conſented but god hath put me in ſuche a maladye/
that I may not longe lyue in this world/ & euery day my maladye
encreaceth & ſo enpayreth me that I am half roten wherfor I praye
you to ſay to my fader that he holde me excuſed/ for at thys tyme I
wyl not be maryed/ Thenne they took theyr leue of vyenne & re-
counted alle thys to the doulphyn/ Thēne the doulphyn ſayd to the
frere that he ſhold ſay it to the moure/ & ſo the frere tolde it al to
parys/ and thenne parys which was aferde to leſe the loue of vyenne/
wente for to ſee hyr in the pryſon with the frere & the byſſhop of
ſaynt laurence/ Thenne whan Parys ſawe vyenne in that dyſpoſy-
cyon/ he had moche grete ſorowe & grete merueylle/ and thenne he

made the frere to falewe hyr in hys name/ and vyenne anfuerd vnto
hys gretyng ryght curtoyfly/ & the frere fayd in the name of parys/
Madame ye knowe wel I haue delyuerd your fader oute of pryfon/
wherof ye ought to haue fynguler playfyr/ & yet he fhold haue been
there yf I had not haue been and holpen hym oute/ & he pardonneth
you with good hert and good wylle alle the defplayfyrs that euer ye
dyd ageynft hys playfyr/ And prayeth you that ye take me for your
hufbond/ and wyll that we haue the lordfhyp of the doulphyne/ and
therfor I praye you/ that neyther ye nor I lofe not thys honour/
❧ And yet more though thys were not/ ye ought not to dyfobeye
the commaundementes of your fader/ ❧ And thenne vyenne anfuerd
to the frere as to the perfone of Parys fayeng/ I knowe well that ye
haue delyuerd my fader oute of pryfon/ Not wythftondyng my fader
fhal haue fuche regarde ageynft you that ye fhal lefe noo thynge/
❧ And I wote wel that ye be a man of grete lygnage/ & are thorthy[1]
to haue a gretter lady than I am/ But the byffhop of feynt Laurence
whyche is prefent knoweth wel that for the maladye that I am in/ I
may not longe lyue/ & thēne fayd the frere in his name this is by
caufe I am a moure that ye refufe me/ I promyfe you that I fhal
become cryften/ but I thynke wel that yf ye knewe who that I am/
and what I haue lefte for to brynge your fader oute of pryfon/ that
ye wold preyfe me more than ye doo/ knowe ye for certeyn that your
fader fhal be pariured/ for he hath promyfed that ye fhal be my wyf
wherof ye fhal haue blame/ therfore yf it playfe you graunte ye hym
hys wylle/ Thenne fayd vyenne/ lord I haue herd fay moche good
of you/ & that ye be he that haue doon fo moche for my fader/ but
neuertheles in the maladye in the whyche I am/ none ought to coun-

---

[1] Read *worthy*.

ceyl me to take an hufbond/ For my lyf may not longe endure/ and
by caufe that ye may knowe that I fay trouth approche ye ner to me/
& ye fhal fele and fmelle in what dyfpofycyon I am of my perfone/
And thenne they approuched ner to hyr/ and vyenne had put two
quarters of an henne vnder hyr two arme hooles/ and there yffued fo
grete ftenche that the byffhop ne the frere myght not fuffre it/
Neuertheles the ftynche was to parys a good odour/ for he fmellyd it
not & fayd I wote not what ye fmelle/ for I fele none euyl fauour/
And they meruaylled ftrongely/ by caufe he felte not the odour/
And the frere fayd in parys name/ For this odour fhal I neuer leue
you & I affure you I fhal neuer departe fro hens vntyl ye haue con-
fented to that your fader wyl/ and vyenne anfwerd moche angrely &
fayd by the fayth that I owe to god I fhal rather rēne wyth my hede
ayenft the walle that I fhal make my brayn yffue oute of my mouth/
& fo fhal ye be the occafyon of my dethe/ Thēne fayd the frere ye
fhal not fo doo madame/ For I promyfe you fro hens forth/ that I
fhal neuer fpeke more to you/ fythe that it is not your wylle ne
plefyr/ but atte lefte of one thyng I praye you/ that this nyght ye
aduyfe you/ and I fhal retorne to morn for to haue of you an
anfuer/ and ye fhal take counceyll of your felowe/ and I praye to
god that ye may be wel counceylled/ and alle thefe thynges fayd the
frere in the name of parys to vyenne/ And after they took theyr leue
of vyenne/ and fayd alle to the doulphyn/ wherof he was thenne
moche dyfpleafed/ and bad the frere to telle it alle vnto Parys for to
excufe hym/ and that he fhold not leye the blame on hym/ ⁋ And
whan they were departed fro vyenne/ fhe fayd to yfabeau/ My fayr
fufter/ what femeth you of the wyfedom of my fader/ that thynketh
that I fhold take thys moure to my hufbond/ and haue refufed the
fone of the Duke of bourgoyne/ but god forbede that euer in my lyf

I haue other lord than Parys to myn hufbond/ whome I hope yet to haue/ & yfabeau fayd/ Certes Madame I wote not what to fay of your fader whyche wold gyue you to a moure in maryage/ I haue therof grete thought/ for he hath fayd that he fhal retorne to morn to fee you/ and hath fayd that ye fhold remembre and aduyfe you/

⁋ *How Parys came to fee vyenne in the pryfon/ and how fhe knewe hym/*

ANd on the morn betymes Parys cladde hym moche more rychely than he had be accuftomed/ & gyrde wyth a moche ryche fwerde/ and came to the pryfon with the frere and the frere fayd to hyr/ Madame we been retorned for to knowe your good anfwer/ and your entencyon/ And vyenne anfuerd/ lordes myn entencyon is that I fhal neuer breke my promeffe that I haue made/ For I haue auowed that I fhal neuer take hufbond/ ne goo oute of this pryfon/ but dede fauf hym to whome I haue promyfed/ and therfore retorne ye in good tyme ⁋ Thenne fayd the frere/ by my fayth I wote not what to fay/ for it is grete dommage that ye fuffre fo moche forowe & payne/ and fyth it is thus your wylle & that ye wyl none otherwyfe do/ Neuertheles the moure prayeth you/ that it may playfe you to do to hym fo moche grace/ that fyth ye wyl not take hym in maryage/ that ye wyl were thys rynge for the loue of hym/ Now thys rynge was the fame rynge that vyenne gaf to parys whan he departed fro hyr in the hows of the chappelayn/ and vyenne by caufe they fhold nomore come ageyn took the rynge/ & whan fhe had receyued the rynge/ parys fayd to the frere/ I praye you that ye tarye a lytel wythoute/ For I wyl fee what countenaunce fhe wyl make of the rynge/ and the frere fayd gladly/ Neuertheles he mer-

uaylled moche/ and Incontynent the frere wente oute/ and vyenne
began to beholde the rynge/ and whan parys fawe that vyenne by-
helde the rynge fo ftrongely/ he began to fpeke in hys playne tongue/
and fayd/ O moche noble lady why be ye fo moche admeruayled of
that rynge/ Thenne fayd vyenne/ Certes to my femyng I fawe neuer
a fayrer/ ℂ Thenne fayd parys/ Therfore I praye you that ye take
therin playfyr for the more that ye byholde it the more ye fhal
prayfe it/

WHan Vyenne herde the moure thus fpeke/ thēne fhe was
more admeruaylled than tofore/ and was as a perfone al
abaffhed and fayd/ Alas am I enchaunted/ & what is thys that I fee
and here fpeke And in fayeng thefe wordes fhe wold haue fledde
for fere oute of the pryfon/ by caufe fhe herde the moure fo fpeke/
thenne fayd parys/ O moche noble lady vyenne/ meruaylle ye noo
thynge/ ne haue ye noo doubte/ lo here is parys your true feruaunte/
and vyenne was thēne abaffhed more than tofore/ Certes fayd fhe
this may not be but by werke enchaunted/ & parys fayd/ Noble
lady hit is none enchaunted werke/ For I am your feruaunt parys
whyche lefte you with yfabeau in fuche a chyrche/ & there ye gaf
to me the dyamond whiche now I haue delyuerd to you and there ye
promyfed to me that ye wold neuer take hufbond but me/ and be ye
noo thynge admeruaylled of the berde ne of the vefture that I were/
for they take awaye the knowleche of me/ & many other wordes fayd
parys to vyenne/ by whyche fhe knewe clerely that he was parys and
for the fouerayn loue that fhe bare to hym/ & for the grete Ioye that
fhe had/ fhe began to wepe in hys armes/ and tembrace and kyffe
hym moche fwetely/ and there they comforted eche other wyth fwete
wordes/ & fo abode longe tyme/ vyēne coude not ynough kyffe hym

& enbrace hym/ and alſo parys demaunded of hyr of hyr aduenture/ & ſhe tolde hym alle/ And of alle thys yſabeau had nothyng herde of/ for ſhe was faſte a ſlepe by cauſe ſhe had watched alle the nyght byfore/ and for the grete Ioye and ſwetenes that parys & vyēne demeaned bytwene them ſhe awoke/ and whan ſhe ſawe vyenne beyng enbraced with the moure ſhe ſayd/ Madame what is thys that ye do/ haue ye loſte your wytte/ that ſo enbrace this moure/ hath he enchaunted you that ye ſuffre hym ſoo famylyer wyth you/ and is this the fayth that ye kepe to parys/ for whom ye haue ſuffred ſo moche payne & ſorowe/ and vyenne ſayd/ Swete ſuſter ſay ye noo ſuche wordes/ but come & take your parte of the ſolace that I haue/ for alſo wel haue ye founden good aduenture as I haue/ See ye not here my ſwete parys/ whome ſo moche we haue deſyred/ Thenne yſabeau approched ner to hym & byhelde hym wel and ſawe that it was parys/ and ſhe wente & kyſſed hym/ & demened ſo moche grete Ioye bytwene them thre/ that there is noo perſone in the world that myght ſay ne thynke it/ but ſo abode a grete whyle in thys ſoulas and Ioye/ tyl atte laſte parys ſpack/ Swete vyenne it byhoueth that we goo hens tofore my lord the dolphyn your fader/ For now fro hens forth it is neceſſarye that he knowe alle our fayte/ Neuertheles I praye you to ſay nothyng/ tyl I deſyre you/ and al thre came oute of the pryſon/ and fonde the frere whyche meruaylled gretely and alle they to gydre wente to the doulphyn/ whyche had ſouerayn playſyr whan he ſaw them And neuertheles he was moche abaſſhed how his doughter was ſo come/ and thenne parys ſayd to the frere/ Say ye to the doulphyn that I haue conuerted hys doughter to hys wylle and to myn/ & that it playſe hym that ſhe be my wyf/ & the frere ſayd ſoo/ Thenne the doulphyn ſayd to hys doughter/ wyl ye take thys man for your huſbond/ whyche hath delyuerd me oute of pryſon in grete peryl of hys perſone/ Thenne demaunded vyenne of Parys yf he wold that ſhe ſhold ſpeke/ and parys ſayd ye/ And thenne Vyenne ſayd to the doulphyn/ My fader I am redy to do your commaundement and hys/ and praye you to pardonne me & to gyue to me your benedyctyon/ and whan ſhe ſayd thus/ hyr fader pardonned hyr and gaf to hyr hys bleſſyng & kyſſed hyr/ Thenne ſayd vyenne loo here is my good frende Parys whome I haue ſo moche deſyred/ and for whome I haue ſuffred ſo moche payne & ſorowe and fader thys is he that ſo ſwetely ſonge and floyted/ and that wanne the Iouſtes in thys cyte/ and bare with hym the ſhelde of cryſtal and my garlonde/ & alſo thys is he that wanne the Iouſtes in the cyte of paris and wan there the thre baners wyth the iij Iewellys/ and went awaye with them wythoute knowyng of ony man/ And alſo he hath delyuerd you out of pryſon puttyng hys lyf in Ieopardye for you/ and whan the doulphyn vnderſtood al thys he was meruaylloules glad and Ioyous/ After al thys parys went to his fader/ & whan he ſawe hym and knewe that he was hys ſone parys/ whome he had ſo longe deſyred to ſee/ he enbraced hym & kyſſed hym/ & for the Ioye that he had he coude not ſpeke a word and after alle the other lordes & knyghtes ranne for tembrace & kyſſe hym/ and after this Ioye Parys fader ſayd to the doulphyn/ ❡ My lord playſe it you that I may borowe my ſone home to my hous for to ſee his moder and hys felowe Edward/ ❡ Thenne ſayd the doulphyn it playſeth me ryght wel onely for thys day/ For to morn I wyl that the maryage of hym & my doughter be made & ſolempnyſed here/ And thenne meſſyre Iaques wente with hys ſone vnto hys hous/ And whan he was there/ verayly his fader/ his moder/ and hys felowe Edward wyſt not where they were for Ioye and playſyr that they had and that was noo wonder for they had no moo chyldren but hym/ and he ſhold wedde

the doughter of their lord/ and alfo Parys was in that tyme become
a valyaunte knyght/ and ful of al beaulte/ and for many reafons it
was no meruayll though they had in hym grete Ioye and playfyr/ &
Edward demaunded of hym of hys aduenture/ & many other thynges/
And he recounted and tolde hym alle/

❧ *How Parys efpoufed and wedded vyenne/ and of the fefte*
that was there made/

THenne on the morn the dolphyn gaf his doughter in maryage
to parys   And the fefte was moche noble and fumptuous/
For moche peple were comen thyder for to fee the fefte/ and it
endured fyftene dayes/ And the playfyr and folace whyche was doon
for the loue of Parys and of vyenne was foo grete/ that vnnethe it
may be byleued/ whyche parys and Vyenne lyued to gyder a grete
whyle in ryght grete confolacyon and playfyr/ but after thaccom-
plyffhement of the maryage/ the fader and moder of parys lyueden
not longe after in thys world/ and Parys had by vyenne hys wyf thre
chyldren/ that is to wete two fones & one doughter/ And the doul-
phyn ordeyned for them moche noble matrymonye/ And parys after
the deth of hys fader and his moder wold that Edward hys dere
felowe fhold be herytyer of al the goodes that hys fader lefte and
gaf to hym yfabeau to hys wyf/ whyche lyued to gyder longe tyme
in grete loue and concorde/ And fone after the doulphyn & hys wyf
deyeden/ And thenne was Parys doulphyn[1] and had the poffeffyon
of al the feygnourye/ the whyche lyued wyth vyenne in thys world
fourty yere and ledde a good and holy lyf/ in fo moche that after

---

[1] Caxton has *doulphyn*.

thentendement of fomme men they be fayntes in heuen/ & they deyed bothe in one yere/ And femblably Edward and yfabeau deyed bothe tweyne in one yere/ Therfore late vs praye vnto our lord that we may doo fuche werkes in this world/ that in fuche wyfe we may accompanye them in the perdurable glorye of heuen   Amen/

℃ Thus endeth thyftorye of the noble and valyaunt knyght parys/ and the fayr vyenne doughter of the doulphyn of Vyennoys/ tranf-lated out of frenffhe in to englyffhe by wylliam Caxton at weftmeftre fynyffhed the laft day of Auguft the yere of our lord M CCCC lxxxv/ and enprynted the xix day of decembre the fame yere/ and the fyrft yere of the regne of kyng Harry the feuenth/

℃ Explicit p Caxton

GLOSSARY AND NOTES.

A veray God, a peculiar adjuration, put into the mouth of a high-born maiden of fifteen. Fr. *vrai Dieu.*

After al thys parys went to his fader. In the French copy, the exultation of " *Messire Jacques* " at the recovery of his lost son. is more quaintly and copiously described than in Caxton's text, for there we are told, "Comment Messire Jacques couroit par les rues tout effraye de ioye de la venue de son fils."

Again say, gainsay.

Aigues-Mortes. A Roman station (Aquæ Mortis), about six miles inland, but accessible to the Mediterranean by a canal of navigable width. Here Louis IX embarked for the Holy Land. The whole of this district (now the French Department of the Gard) is flat and low, and there is a possibility that at one period Aigues-Mortes may have been on the sea. The ancient Roman canal is still in existence and use.

Allewaye seen the noblenes that is in hym. Here we have a French idiom, but in the copy printed by M. Terrebasse the passage does not occur, the narrative, which is far more copious, being differently conducted.

Arayed, spoiled or discomfited, but more usually, foiled. I have a long note somewhere (perhaps in *Old English Jest-Books*), illustrating the subject, so far as I could at that time. See also Halliwell's *Dict.* art., *Araye.*

Armynak, Armagnac.

Assemble, v. to draw.

Avayle, i. q. *vayle.* or *vail,* to lower, or diminish. Mr. Halliwell (*Arch. Dict.,* voce *Avayle)* furnishes an example of its use in the present sense.

Baviers, Bavaria.

Bishop of St. Laurence. The French has " lesvesque de *Saint Vincent,*" and adds " et autres gens deuots de religion."

Body of our lord Ihesu cryst. The bread and wine in the communion.

Brennes, Brienne. There was no Duke of Brienne at so early a period.

Carnes. " *Wyllyam sone to the duc of Carnes.*" The French copy reads *Tanes.*

Chargeable, reʃponʃible.

Charles of France. There was no King Charles of France in 1271, and the French verʃion ʃays merely, "En cellui temps que *le roy Charles* regnoit en France," leaving the reʃt to the imagination. My impreʃʃion is, that the prince intended was Charles the Simple, or the Fourth, who aʃcended the throne in 898, and whoʃe ʃon Louis became king in 936. At p. 28 the king's ʃon is explicitly called *Lowis.* I cannot reconcile the incidents related here with any other reign. It is tolerably evident that the romance was compoʃed when Dauphiny was a flouriʃhing ʃtate, independent of France; and Dauphiny was united to that kingdom in 1349, long before which time the power of its princes had begun to decline. At a period, therefore, ʃo comparatively cloʃe to its annexation, the ʃcene of the preʃent ʃtory can hardly be laid with a due adherence to probability.

Chere, the face or countenance. So, *to change cheer,* to change countenance.

He made toward hyr heuy and euyll chere. In the French copy this is differently put, "—et quant le Daulphin vit ʃa fille, il la receult moult *celeement* le plus quil peult, ʃans faire ʃemblant nullement. Car il ne vouloit quilz ʃceuʃʃent rien de ʃon fait."

Contynuelly, immediately.

Conʃtance the kynges ʃyʃter of englond. I do not know who this lady may have been, as no king of England appears to have had a ʃiʃter ʃo named. It is probably an example of licence on the part of the author, and only one among ʃeveral.

Countenance, a grimace.

Courage. In the French it is the ʃame, and Caxton gave it as he found it. In old French, *courage* = heart or mind. So Cotgrave, who gives an example of its uʃe in this ʃenʃe much later (1611), "Tu cognois mon courage," that is, "Thou knoweʃt my minde." Mr. Halliwell (*Arch. Dict.,* in voce) ʃays that it is Anglo-Norman. Levins, in his Dictionary, 1570, explains courage to mean *animus.*

Croyʃee, cruʃade.

Cypres. Cyprus was an independent kingdom till the cloʃe of the fifteenth century, when it was abʃorbed by Venice. In 1192, Richard I. gave the iʃland to Guy de Luʃignan, ex-king of Jeruʃalem, who may be the perʃon here intended.

Defend, prevent.

Derkenes, cloud of ʃorrow.

Dolant. The French word is *dolent,* and Caxton's adoption of it ʃeems an argument in ʃupport of his having taken his compendium from a French copy. There are ʃeveral other forms of ʃpeech, which tend to ʃhow that our prototypographer's original was a French edition, rather than a Flemiʃh or Dutch.

Dolphin of Vienne. In the French copy (1835), it is ʃaid that the prince *auoit grant beaulte en ʃoy,* which does not occur in Caxton's text.

Doubting, fearing.

Doubtous, fearful.

Doyng, making. *Doyng hym to wyte.*

Dyane. In the French copy is the additional information that ſhe was the daughter of the Count of Flanders.

Edward, ſon of the king of England. In the French verſion the king himſelf is repreſented as being at Paris. "Le daulphin, le roy Dangleterre et le duc de Normandie eſtoient au chaffault," &c. (p. xiv.). The king of England's ſon is mentioned three or four times. It is probably mere romantic licence ; but either Edward III. when Prince of Wales, or his ſon, the Black Prince, might be intended.

Egal, equal. This is one of the forms which appears to me to ſhow that Caxton reſorted to a French edition anterior in date to any at preſent known. Such another word is *ſubget* at p. 28.

Embuſhment, ambuſcade.

Entendement, mind, faculty ; Fr. entendement, *Mettre ſon entendement* = to apply his whole mind.

Entention, fixed deſign.

Exchaunge, bill of exchange.

Fauce poſte. The French copy merely ſays, " faillirent hors du iardin."

Fayte, feat, fa&, deed.

Fellonye, anger. Old Fr.

Fet, fetch. *Fette,* fetched.

Fewter. "— he fewtred hys ſpere. and there cam ayenſt hym," &c. I ſuſpeĉt that this is the true reading in *Robert the Deuyll* (E. E. P. Poetry of England, i. 232), only known to us at preſent in a not very accurate tranſcript from ſome old printed edition :

" He *fewtred* his ſpeare, and forth he gothe." In the ed. of *R. the D.* publiſhed in 1798, it ſtands *fentred:* I conjeĉtured, *ſentred.*

Floyted, played on the flute.

Footman, a ſervant on foot.

Force, need.

Free knight. Here a knight, I preſume, who having received no formal invitation to the tournament, was conſidered *an outſider.* Paris is ſo termed at p. 18, becauſe, perhaps, he had come to the meeting ſecretly, and did not accompany his father, who was unaware of his preſence. But elſewhere (p. 45) Vienne calls Paris *a free knight,* evidently ſignifying, as uſual, noble or gentle.

Fuſt. "A light gally that hath about 16 or 18 oares on a ſide, and two rowers to an oare."—Cotgrave's *Diĉt.,* ed. 1650.

Fynaunces, offer of money.

Fyrſt day of May. In England, and, perhaps, on the continent, the month of May (and among us June alſo) was ſet apart for tournaments. See *Remains of E. P. P. of England,* ii. 109, where a paſſage is quoted from Harl. MS. 69.

Gene, Genoa.

George. In the French copy, the man's name is Olivier, and the matter is differently managed to ſome extent. "Quant Paris fut en ſon hoſtel il ſen vint a vng ſien eſcuier, en quel il ſe fioit moult, et auoit nom celui varlet Oliuier," &c.

The whole narrative, indeed, is ſo altered as to become, in the Engliſh volume, a diſtinct ſtory.

Godefroy d'Alencon. Alençon was alienated from France in the reign of Charles the Simple, to which I refer the ſtory of *Paris and Vienna.* In the romance this Godfrey d'Alençon, Dauphin of Vienne, is deſcribed as a *baron.* I can find no account of him.

*Grant,*conſent. *"At theſe wordes graunted Parys,"* &c. This intranſitive uſe of the word is obſolete.

Havoyr, poſſeſſion. It is ſtill uſed in the Weſt of England in a ſlightly modified form, viz. *having.* The Anglo-Saxon word was *haves,* according to Mr. Halliwell; but in the *Promptorium Parvulorum* (ed. Way), we get *havure, havinge,* or *hawinge,* all = Fr. *havoir.* The expreſſion does not occur in Sippade's tranſlation.

He and Edward his felowe departed out of the cyte of parys. This is ſomewhat differently and much better told in the French of La Sippade : " Paris ſen vint deuant le roy et la royne ſi enclina le chief en prenant congie deulx. Et le roy qui penſoyt que Paris voulſeiſt aler en ſon longiz pour ſoy deſarmer, lui donna congie. Adonc Paris hurta ſon cheual des eſperons et ſen ala et Edouart le ſuiuit apres. Mais ilz ne logierent point en la vile ains paſſerent dehors la porte ſi ſen vindrent en vne ville qui eſt a deux lieues de Paris pres ou ils furent bien logiez et bien aiſiez."

Heart. " *Myn hert gyueth it me."* This

is poetical; the meaning is clear. Again, there is much elegance and felicity of expreſſion, where Vienne is made to ſay, a line further on, " *In hym I haue putte the rote of myn entyere herte."*

How Parys eſpouſed and wedded Vyenne. In the French copy it is related, "Comment le roi de France et toute ſa Baronnie furent au mariage de Paris et Vienne."

How Parys came to ſee Vyenne in the pryſon, and how ſhe knewe hym. In the French copy a ſcene, not found in Caxton's, is here introduced, in which Vienne is repreſented deploring the loſs of Paris at the ſight of the diamond ring which ſhe had formerly given to him, and which ſhe now ſuppoſed had paſſed from hand to hand, till it came into the poſſeſſion of the counterfeit Moor. Then ſhe thought that her viſion of Paris was realized. " Et puis tant regardoit lanneau elle affermoit que ceſtoit cellui que vne fois donna a Paris en nom de mariage. Et lors elle diſt, or voy ie bien que mon ſonge eſt vray, ceſt que Paris eſt mort, et apres ſa mort ceſt annel a eſt tranſporte dune main a autre tant que finablement il eſt venu en la main de ceſt gentil homme, qui me la donne."

Imaginative, full of fancies, thoughtful.
Innocent. This was Innocent III, and the Cruſade was publiſhed in 1198. A pretty full account of it may be found in my *Venetian Hiſtory,* chaps. 8, 9. But Michaud is of courſe more copious.

It may be obferved, generally, that the narrative of the travels of Paris is conducted with the indifference to geographical precifion ufual in works of a romantic character.

John. Duke of Bourbon. This (if the chronology fuggefted for *Paris and Vienne* be correct) is an example of poetical or romantic licence; for the firft Duke of Bourbon, a grandfon of Louis IX. of France, was fo created by Charles IV. [V.] in 1327, and his grandfon was the firft duke who bore the name of *John.* Under any circumftances, there appears to be a miftake, for Caxton or his tranflator adds, that this John was "*neueu to the kyng of fraunce.*" The French copy of 1835 makes no mention of a Duke of Bourbon, but enumerates among the tilters Henry, fon of the Duke of Bourbon.

Joufts. The fair Vienne, was, according to the ftory, "*xv yere of age.*" and it may be confidered that the power of dialogue which is given to her is a little overdrawn. But a far more curious circumftance is, that a degree of prowefs at the tournaments celebrated in thefe pages, which would have done honour to paladins, is attributed to youths who, according to the French text, varied in age from fifteen to five-and-twenty! Paris himfelf was only eighteen, an age at which, in this degenerate era, men do not ufually find their phyfical powers thoroughly matured.

Joyoufte, joy, or joyoufnefs.

Ladies maidens, unmarried ladies. We fhould fay *maiden ladies.*

Lerne, teach. This is now confidered a vulgarifm; the word appears to have been anciently in ufe in this caufative fenfe, and thus to have poffeffed a quafi-tranfitive fignification, which it has fince loft.

Livery, badge or device.

Loenge. praife; Fr. *louange.*

Louis. This may poffibly refer to Louis IV, who, in 936, became king of France.

Lyghtly, readily, quickly.

Majefty of Our Lord, The Hoft.

Menchon, i. q. *mynchyn,* a nun. Caxton's text here, as elfewhere, is a mere curtailed paraphrafe of the original romance. The phrafe, or its equivalent, does not occur there. Caxton feems to difcriminate between *nun* and *minchen* (or *mynchen*); but the fenfe, fo far as I am aware, is the fame.

Mefchaunt, miferable, through having done ill (really or in fancy).

Mufical inftruments. Caxton generalizes here; but in the French text the word is *aubades,* which Cotgrave renders, "Morning-mufick, fuch as fidlers play into chamber-windows."

Muficians. "*They were good mufytyens playeng.*" Mufic was confidered in ancient times rather a feparate profeffion, than as one which appertained to knighthood. At this diftant date, the minftrels were a large and important body, with great and valuable privileges (which they too often abufed); and it is not often that we find heroes of romance portrayed as even ambitious of poffeffing this fort of accomplifhment. The French copy has, "car ils *chantoient moult bien*, et puis iouoient de leurs inftrumens chançons melodieufes *comme ceux qui de celui meftier eftoient les maiftres.*"

Naked. "*The two yonge knyghtes that naked were from al armes*," &c. Naked merely means *bare*, of courfe, here; but the term is ftill applied to a perfon who is unfurnifhed with the means of defending himfelf.

Now recounteth thyftorye that parys was in babylone. &c. In the French copy, between the account of the Dauphin's journey to the Holy Land, and his releafe by Paris from confinement, there is a chapter, omitted by Caxton, or, perhaps, not in the copy he ufed, fhowing "comment Vienne dans la prifon eult une vifion de Paris."

Ordure, impurity or uncleannefs. This is French again.

Ought to be, fhould be by right.

Parlament, converfation. The French copy reads *parlement*, and Caxton or his tranflator adopted the word without alteration.

Party, lot. The phrafe is not in the original, where Paris and Edward are accompanied by a fervant (*varlet*), who carries their inftruments, and for whofe fafety they provide, left he fhould fall into the hands of the knights, and fo

they fhould be identified. I can find no account of the ufe of *party* in its prefent fenfe in any of the dictionaries; but it feems to be merely the Fr. *partie* from Lat. *partior*, to divide, as by a lottery, or otherwife.

Party. fection, divifion. "*Eyther of thefe thre partyes hoped*," &c.

Parys had by vyenne hys wyf thre chyldren. The French copy fays, "Sept enfans, quatre filz et trois filles." It alfo acquaints us with the fact that Paris became, after his father-in-law's death, Dauphin of Vienne, and reigned till he was ninety years of age, when he abdicated in favour of his eldeft fon, Godfrey, Vienne and himfelf devoting the remainder of their lives to heaven. Paris lived to the age of 105, and Vienne, who furvived him five months, faw her 97th year.

Parys defyred to here tydynges of the fayr vyenne. &c. This elliptical form is very ufual in early Englifh. We fhould write, "Parys *who* defyred," &c.

Perfons. This word appears to be ufed here in an uncommon fenfe. There is no example of its employment in fuch a way in the ordinary dictionaries (Promptorium, Palfgrave, Cotgrave, Levins, Nares, Halliwell). The meaning is perfonal, or rather, bodily, qualities.

Prevy felowe. Vienne addreffes Ifabel by the term, which was in this cafe nearly equivalent to our *companion.* She was evidently a perfon of gentle birth, and the dauphin's daughter frequently calls her *fifter.*

Preſentacyon, repreſentation. Old Fr. " *Dere brother* (ſays Edward, alluding to the deſire Paris had expreſſed to his father) *I thank you for the preſentacyon that ye haue doon for me.*"

*Propre,*own = Fr. *propre,* Lat. *proprius.*

Pucelle, maiden.

Pyght, fixed. We have a very vivid little ſketch of contemporary feelings and manners, where, a few lines further down, it is ſaid that " *the peple took theyr place vpon the ſcaffoldes ij dayes afore the feſte for to ſee the grete peple & the fayr ordynaunce that there was.*"

Pyned, put to pyne or pain.

Quick, alive.

Ramon. I preſume Rama or Ramla, between Jaffa and Jeruſalem, to be the place intended. The geography of romanciſts is not always very exact. The French copy reads merely, "en vne ville pres de Iheruſalem."

Recourders, recorders. A recorder was a flageolet, with a ſmall bore, in uſe as late as the end of the ſeventeenth century.

Repreve, reprove.

Sacrifice, maſs. To ſacrifice = to attend the ſacrifice of the maſs.

Sette hyr doun on the ground. The French copy has, "elle diſt a ſa mere, que ſil lui plaiſoit elle vouldroit vng pou repoſer *ſur le lit de Paris.* Tantoſt la firent mettre ſur le dict lit." Then, when Vienne and Iſabel are left by themſelves, the former deſcends from the bed, and " ſi ſen vint la ou les couvertures blanches eſtoient, ſi les vira et regarda de tous coſtez, puis diſt a yſabeau : Certes belle ſeur ie te diſſie bien que ceſtoient les couvertures que le chevalier qui gaigna le tournoiement portoit et maintenoit. Si tu veulx bien regarder cy tu congnoiſtras que iay dy vray. Et quant elle eut ce dit elle ſe tourna vers les couvertures et diſt que Dieu veuille garder le cheualier qui telles enſeignes porte, ſi les baiſa plus de cent fois;" all of which is loſt to us in the old Engliſh tranſlation.

Serve and kerve. This probably requires no explanation. It is well known that gentlemen and even knights attended on perſons of royal blood, and handed the diſhes, which were delivered to them by the menials.

Seven years without iſſue. This paſſage, and many others, are conſiderably abridged by Caxton, who, without any acknowledgment, took great liberties with his original, unleſs, which is not probable, he uſed a text which was already corrupt and mutilated.

Stenche. " *And the ſone of the duke of bourgoyne & the byſſhop of ſaynt laurence approached vnto vyenne, fro whom yſſued ſoo grete a ſtenche, that vnnethe they myght ſuffre and endure it.*" In the French copy, the chapter which introduces this ſcene, ſo repugnant to modern notions of delicacy, is headed oddly enough, "¶ Comment Vienne ſauiſa dune gentile invention pour ſe deliurer du filz au duc de Bourgoigne."

Surrye, Syria.

Swelte, *v*, to faint. (A. S.)

There as, whereas. This form is very uſual.

Tierce, *tertia*, the third diviſion of the Roman Catholic day, the firſt being *matins* or *lauds*, the ſecond *prime*, and the fourth *ſext*. Tierce is about 9 a.m.

Tourchemen, Turcomen, in the ſenſe of interpreters.

Towellys, towels. The word is found in the ſame ſenſe as now underſtood in the *Promptorium Parvulorum*.

Treylle, lattice or grating; Fr. *treille*.

Two galleyes. " *The kyng . . . dyd do arme two galleyes whyche accompanyed hym.*" In the French copy, it is ſaid that theſe were " deux galees de Gennes qui venoient de Rodes et vouloient aler en Aigues Mortes."

Unconning, infenſible, unconſcious.

Unnethe, ſcarcely.

Wende neuer to ſee þᵉ houre. In our modern phraſeology, the expreſſion would be, " He thought the time would never come," he was ſo impatient to ſee the Dauphin.

Wexe, *v*. to wax, to grow.

Woned, wont.

PRINTED BY WHITTINGHAM AND WILKINS,
TOOKS COURT, CHANCERY LANE.

ADVERTISEMENT.

.

I T is propofed, that the prefent volume fhall be followed, as fpeedily as the ftate of the Subfcription Lift will permit, by other works, as follow :—

I. The Works of William Browne, vol. 1, containing Britannia's Paftorals, in three books, with a Memoir and Notes.

*** I have found unqueftionable proof that the *Third Book*, firft printed for the Percy Society in 1851, was by the author of the Firft and Second.

II. The Works of Samuel Rowlands, vol 1, containing,
 1. The Betraying of Chrift, 1598.
 2. Humors Ordinarie [1600].
 3. Greenes Ghoft haunting Coney-Catchers, 1602.
 4. A Terrible Battel between Time and Death [1602].
 5. Tis Merry when Goffips meet, 1602.

III. A Volume of Unique Early Jest Books (1607-30).
 1. Dobfon's Drie Bobbs, 1607.
 2. Jefts to make you merrie, 1607.
 3. Merry Jefts, concerning Popes, Friars, &c., 1617.
 4. Archee's Jefts, 1630.
 5. Gualtier's Rodomontados, 1610.

Advertiſement.

IV. Narratives of Early Murders (1573-1620), in proſe and verſe.

V. The Works of Browne, vol. 2, containing,
1. The Shepheards Pipe, 1614.
2. The Inner Temple Maſque.
3. Miſcellaneous Poems.

VI. The Works of S. Rowlands, vol. 2, containing,
1. Look to't, for Ile Stab Ye, 1604.
2. Hell's Broke Looſe, 1605.
3. The Hiſtory of Guy, Earl of Warwick, in verſe, 1607.
4. Diogenes Lanthorne, 1607.
5. Democritus, or Doctor Merryman, his Medicines againſt Melancholy, 1607.

Several of the more intereſting Caxtons will be eventually included, ſuch as Godfrey of Bulloigne, The Life of Charles the Great (already promiſed), The Life of St. Wenefride, and The Boke of Good Maners. I ſhall alſo give The Pinder of Wakefield, from the exceſſively rare edition of 1632, Pettie's Petite Pallace of Pettie his Pleaſure, 1576 (as I announced), and the Life of Joſeph of Arimathea, from Pynſon's edition.

W. C. Hazlitt.